経営はデザインそのものである

博報堂コンサルティング＋HAKUHODO DESIGN
首藤明敏　西村啓太　篠原光義　永井一史　木村淳之介

ダイヤモンド社

はじめに

博報堂のアートディレクターだった私が、デザインによるブランディングに特化した会社「ＨＡＫＵＨＯＤＯ ＤＥＳＩＧＮ」を立ち上げて、２０１４年で10年になります。この10年間、デザインという手法の可能性について、日々考え続けてきました。

「事業の見直しにおいて、どのようなお客様にその価値を伝えていけば良いのか？」

「企業と顧客の絆を強めるにはどうしたら良いか？」

様々な業種の企業、経営者からは、こんな疑問が浮かび上がってきます。

お客様と自社との間に生じる課題にともに向き合い、デザインによる解決を模索するなかで、私は、これからの時代は、広い意味での「デザイン」が社会や企業に求められるようになっていく、という確信を強めていきました。プロダクトデザインやグラフィックデザインのような「形にするデザイン」だけではなく、その手前にある、企業やブランドのあり方そのものを「構想するデザイン」の力が必要になってくるはずだ、と。

そうした時代の訪れは、仕事の中で強く感じられました。

私はこれまで、様々な企業や公的組織などの価値をネーミングやシンボルとしてデザインしたり、既存のブランドを活性化する仕事に携わってきました。その際、本当に向き合っていた課題は、社会においてその組織の本質的な役割を再定義することや、中長期的にブランドをマネジメントする際に、変えるべきところと変えてはいけないところを生活者の視点から明確化するなど、組織やブランドが社会や生活者とどのような関係性を築けるか、という本質的な問いだったと思います。

そして、デザインの本当の力について長年考え、コミュニケーションというソリューションをクライアント企業に提供し続けてきた私たちのような会社であれば、社会や企業のために大きな役割を果たせるであろう、また、果たすべきだと考えるに至りました（「我々は広告会社から、広い意味でのデザイン会社に事業転換すべきだ！」と、親会社の博報堂に提言書を持ち込んだこともあります）。

この問題意識をもとに、かつて私も創設メンバーとして関わった博報堂グループのコンサルティング専門会社「博報堂コンサルティング」のメンバーと共有し、議論を始めました。そのなかで、デザインの可能性を本気で主張するならば、社会を動かしているビジネスのど真ん中である「経営」の領域で、デザインの力をどこまで活かせるかを突き詰めて追究すべきではないかという方向性が見え、1年以上にわたる共同プロジェクトの結果をまとめたものが本書です。

10年前を振り返ると、「デザイン」と「経営」にはまだまだ距離があり、二者が同時に語られることはほとんどなかったように思います。しかし今では、「デザイン思考」などのように、デザインを経営戦略の一環として位置づける論文や書籍が続々と生まれてきており、デザインの可能性を経営レベルで模索する潮流が生まれてきています。

私たちは、すでに語られ始めているデザイン思考から新たな一歩を踏み出し、経営におけるデザインの力を、デザインからの知見と経営コンサルティングの知見を掛け合わせて生み出した、ビジネスの根幹に作用する汎用性の高い方法論として本書で提言しています。

経営におけるこの新しい方法論は、デザインの重要性にまだ気づいていない経営者、すべてのビジネスパーソンにその意味を伝え、すでに火がつき始めている「デザイン×経営」の潮流をより加速させることを確信しています。そして、これはデザインが求められる時代の、博報堂グループのようなコミュニケーションを生業にする会社としての、社会に対する役割の果たし方の1つだとも思っています。

「私の会社には、本当は色々な価値があると思うのですが、お客様だけでなく、従業員にもなかなか伝わっていない。どうすれば、伝わるのでしょうか?」

企業のブランディングについて相談を受けると、多くの経営者がこうした共通の悩みを抱えています。ブランディングの作業は、まず「ビジョン」を作ることから始めますが、単に作ればいいということではありません。企業が独りよがりで思いついた、一方的な押しつけのビジョンなど、何の意味もなしません。ともすれば、ないほうがいいくらいです。会社や事業の本質を突き通しながら、社会や生活者に共感され、社員も含めて誰もがわかりやすく共有できるビジョンであってこそ、はじめて世の中に受け入れてもらえるのです。

では、どうすれば、共感・共有されるビジョンを導き出せるのか？

そのヒントは、デザインの中にあります。

デザインとは、論理性や創造性や感性などが複雑に絡み合う様々な領域を統合的に構想し、形にする方法論です。その際には、「とくに重要な3つの領域で構想する」というフレームワークが大きな力を発揮します。

3つの領域の1つ目は「経済性」です。デザインは「アート（芸術）」とは異なり、社会や経済をより活性化していくために活用するものです。そのため、社会を動かしている経済について考えずに作ることはできません。

2つ目は「文化性」です。デザインは常に美に根ざしながら、生活者にとっての精神の歓びや楽しさを生み出していきます。すなわち、生活者に新しい豊かさや、ライフスタイルを提案する視点から考えることが重要なのです。

そして、最後が「社会性」です。デザインは企業側の論理だけでなく、受け手側にとっての価値を常に追求していく方法です。つまり、生活者集団における価値、社会における価値を必ず視野に入れて考えることになります。

この経済性、文化性、社会性という3つの領域それぞれにおいて、あなたの会社が提供できる価値は何でしょうか。少し考えてみてください。うまく言葉にできなくても、何かは思い浮かぶはずです。

さらに、それらの3つの価値を1つに束ねて、自社の経営戦略に当てはめてみると……あなたの会社の「ビジョン」のようなものが見えてきませんか？

戦後の日本で、多くの企業が産声を上げました。どの企業も創業当時は、創設者の想いが経営の中に濃厚に生きていました。

しかし、時間が経つにつれ、経営者も社員も入れ替わり、おのずと創業時の想いよりも、会社の成長や維持といった経済的視点が重視されるようになっていきます。とくに近年は、金融経済の破綻からデフレ経済に突入し、目の前の対応に追われる日々が続きました。

そうした閉塞感のなか、企業だけでなく、生活者たちも自らの生き方や価値観を見直し始めていたと思います。そして、その新しい価値観の胎動は、東日本大震災によって決定的になりました。

世界共通の成熟社会としての課題と、日本固有の課題に同時に向かい合わねばならない現在の日本において、本書で私たちが提示する経済性・文化性・社会性という視点と、そこから導き出されるビジョンは、これからの企業のあり方の拠り所となっていくものだと思います。

本書では、デザインのもう1つの側面である「形にする力」の可能性も深く追求しています。「形にする力」とは、ビジョンやアクションを、具体的な形として可視化しながら検証していくという方法です。これらは、私自身が長年のブランディングの実務のなかで、試行錯誤しながら培ってきた方法論です。

第3章で詳細に説明しているフレームワークに加えて、第4章〜第6章では、実践したケースを通じて具体的なプロセスも提示しているので、デザインの持つパワーを、ぜひ経営に活かしていただければと思います。

また今回は、私自身がデザイン経営の実践を強く感じ、尊敬する経営者のお二方、株式会社良品計画代表取締役社長の金井政明氏と、株式会社スマイルズ代表取締役社長の遠山正道氏から貴重なお話をうかがうことができました。そのときの内容は、巻末に掲載しております。

金井政明社長、遠山正道社長には、この場をお借りして御礼申し上げます。

本書を通じて、意思ある企業や経営者の方が、1社でも、1人でも多く、自らの経営戦略にデザインという方法論を取り入れ、世の中から末永く愛される企業として存在し続けることが、私たちの願いです。

HAKUHODO DESIGN　代表取締役社長　永井一史

経営はデザインそのものである　目次

第2章
3つの視点から見る先進企業の特徴

第3章
経営はデザインそのものである

第4章
プロジェクト・ドキュメント①
「UMEの智恵を暮らしに。」
紀州梅効能研究会

第5章
プロジェクト・ドキュメント②

「美の歓びと暮らす。」

深川製磁

第6章
プロジェクト・ドキュメント③

「やすらぎある世界都心。」

東京都・港区

第7章
デザインを経営に取り入れるための6つのステップ

対談
無印良品のデザインは、質と美しさを持った普通を探り当てる作業

株式会社良品計画代表取締役社長
金井政明×永井一史

序章

デザインと経営が結びつく時代

私たちにとって、今という時代は生きやすい時代なのだろうか。

昔に比べ、生活はますます便利になり、世界の所得水準も向上し、人々はより長生きするようになった。たしかに、暮らしやすさは増しているのかもしれない。

しかし、自然環境は変化し、温暖化や気候変動、水資源の不足などの形で人々に影響を与えている。また、金融産業がリードするグローバル経済の拡大によって、経済成長が促進される一方、こうした成長の恩恵にあずかれない人々との間で所得格差が生じている。先進国においても、若者の失業率は高止まりし、中高年以上の世代との所得格差が問題となっている。日本では「ブラック企業」という言葉が注目され、労働環境の改善は大きな課題となっている。

さらに、グローバル化やインターネットの普及により、新たな競合が誕生し、情報が容易に取得できるようになったことによる模倣の加速化など、企業間の競争はより激化している。その結果、様々な問題を横目に、生き残るための経営努力が必要となっているのだ。

一言で現代の特徴を言い表すことは難しいが、通低するのは、「激しく、早くなる変化と、対応すべき事柄の多さ」ではないだろうか。

こうした変化と困難に対して、私たち個人も、消費者として、生活を守る家族の一員として、働き手として、そして、その多様な側面を総合した「生活者」として、向き合わねばならない。

また、企業という組織も、その時代の変化に対応することが必要である。

この時代の特徴を踏まえて、社会を構成する一員として企業が存続し続けるための経営のありようを提言することが、本書の主旨である。

「経済」「文化」「社会」、3つの視点で考える

現代がはらんでいる困難に対応していくための鍵は、「生活者」に対する深い理解だ。

これまでの企業経営では、消費者に便益を提供し、いかに収益を得るか、ということが焦点であった。しかし、今の時代は、「消費者」と「収益」というシンプルな企業活動の枠組みでは捉えられない。「消費」を活性化するための企業活動が、その生産過程における自然資源の濫用や、利益の分配の偏りによる格差の拡大、労働者の酷使など、社会ひいては個々人の生活にマイナスの影響を与えている。

そして、こうした企業活動の負の側面に対する生活者の目が厳しくなっている。消費という直接の関わりを超えて、生産から流通までのすべてのプロセスにおいて、企業がどのように振る舞い、社会や個々人の生活に関わっているかが、企業の評価につながり始めているのだ。

私たちは、生活者が企業を評価する際の視点が3つあると考えている。ここでは、自分自身の生活の中での意識を振り返るとわかりやすいはずだ。

たとえば、どの商品が望む機能を満たしていて安くてお得か、という消費する視点、つまり「経済」の視点があるだろう。加えて、どうやってもっと生活を豊かにしよう、という意識も当然ある。モノやサービスを購入した場合、そのモノやサービスに込められた新しいライフスタイルや生活行動などを通じて、自分の生活を豊かにすることも目的となる。

こうした生活の豊かさという視点を、私たちは「文化」の視点として定義している。

また、身近な問題ではないかもしれないが、気候変動のような自然環境の問題や、国内外の格差問題などといった大きなテーマとしての「社会」に対して、企業がどのような姿勢で向き合っているかを気にすることもあるだろう。ニュースなどで企業が社会的な問題に関わっていることを見て、好感度が上がることもあるのではないか。

私たちは、生活者が暮らしの中で感じる「経済」「文化」「社会」というこれら3つを満たした価値を提供することが、この時代の企業経営において重要な視点であると考えている。3つの視点で価値を提供することで、より「生活者」の全人的なニーズに関わることができる、その結果、企業に対する強い「共感」を得て、その共感を支持基盤として持続的な成長を続けることができる。これこそが、こうした視点を持つことの、企業にとってのメリットである。

3つの視点で企業と社会、企業と生活者との関わり方を規定することは、その企業が未来に向けて「こうありたい」という姿、すなわち「ビジョン」を規定することと同義である。

図0-1｜3つの価値で構成される「Value Trinity」

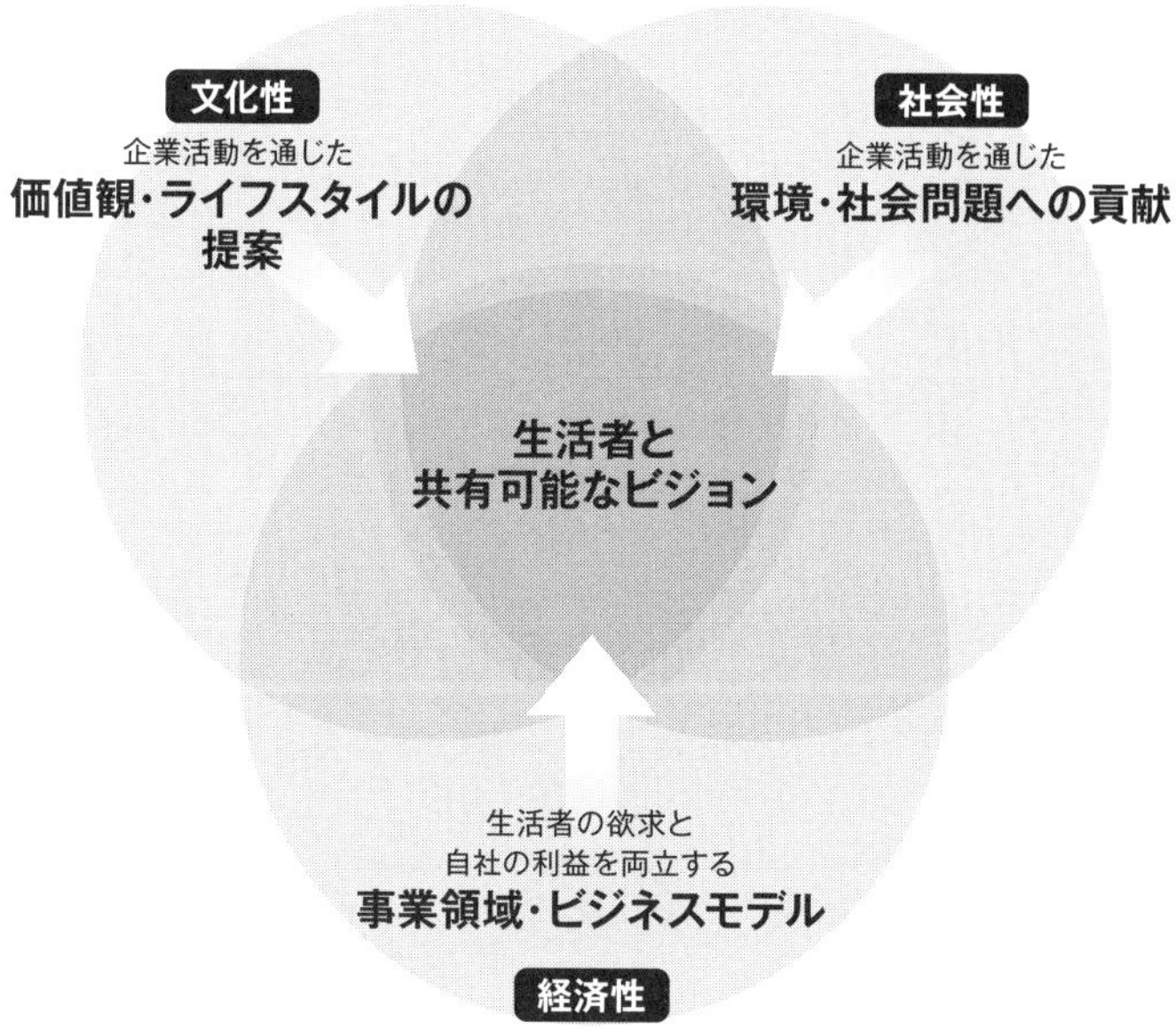

ただし、私たちの意味する「ビジョン」とは、「自社がこうありたい」という自社基点でのビジョンではない。自社基点のビジョンはともすれば、独りよがりになってしまう。結果として、顧客でもある生活者、また従業員の共感を得ることができず、形骸化してしまう。

私たちは、「ビジョン」を生活者と共有・共感し、ともに創り上げる未来像と定義している。自社が生活者とともに創っていきたい未来像であるがゆえに、そのビジョンを具現化しようとする企業活動への共感が高まる。本書では、この3つの全人的な視点でビジョンを規定するフレームワークを「Value Trinity（バリュー・トリニティ：三価値一体モデル）」として提案している（前ページ図0−1参照）。

このフレームワークでは、企業が次の3つの価値の最適解としてビジョン（＝生活者とともに創っていきたい未来像）を策定することを目的としている。

①経済性：生活者の欲求と自社の利益を両立する事業領域・ビジネスモデル
「どういった事業領域・ビジネスモデルで利益を得るか？」

②文化性：企業活動を通じた価値観・ライフスタイルの提案
「どういった価値観・ライフスタイルを提案するか？」

③社会性：企業活動を通じた環境・社会問題への貢献
「どうやって環境・社会問題に貢献するか？」

ビジョンを可視化し、行動につなげる

ビジョンは、言葉として掲げられるだけでなく、その具現化に向けて企業活動の中で実践し

続けなければならない。そうでなければ、単なる言葉遊びになってしまう。

企業活動においてビジョンを具現化するには、調達・生産から販売、サービスまで、すべての工程における事業活動を見直す、新規事業を立ち上げる、または、新たなマーケティング活動を行うなど、様々なレベルでの取り組みが必要だ。ただし、こうしたアクションが一過性の取り組みとして終わってしまわないように、全社員がそれぞれの業務において、意識し、努力し続けることが重要である。

また、各社員が自走的に活動できるように、組織としての仕組みや評価体系にビジョンが組み込まれることが望ましい。

全社員の意識をビジョンの具現化に向け、行動につなげるには、生活者と共有可能なビジョンを構想するだけでなく、ビジュアルとして可視化することが極めて有効である。ビジョンを可視化することで、多様な認識を持つ人々の中に共通イメージを伝え、向かうべき方向性をブレなく共有することが可能になる。

さらに、ビジュアルならではの、もう1つの効用がある。それは、形となって新たに目の前に提示されることで、見る人の思考を刺激し、ビジョンの具現化に対する深まったアイデアである。

ビジュアルに表現された未来像によって、どういう生活が実現するのか、自社はどのような企業になっていくのか、今の事業はどう変わっていくのか。

図0-2｜可視化されたビジョンを軸とした企業活動の創発

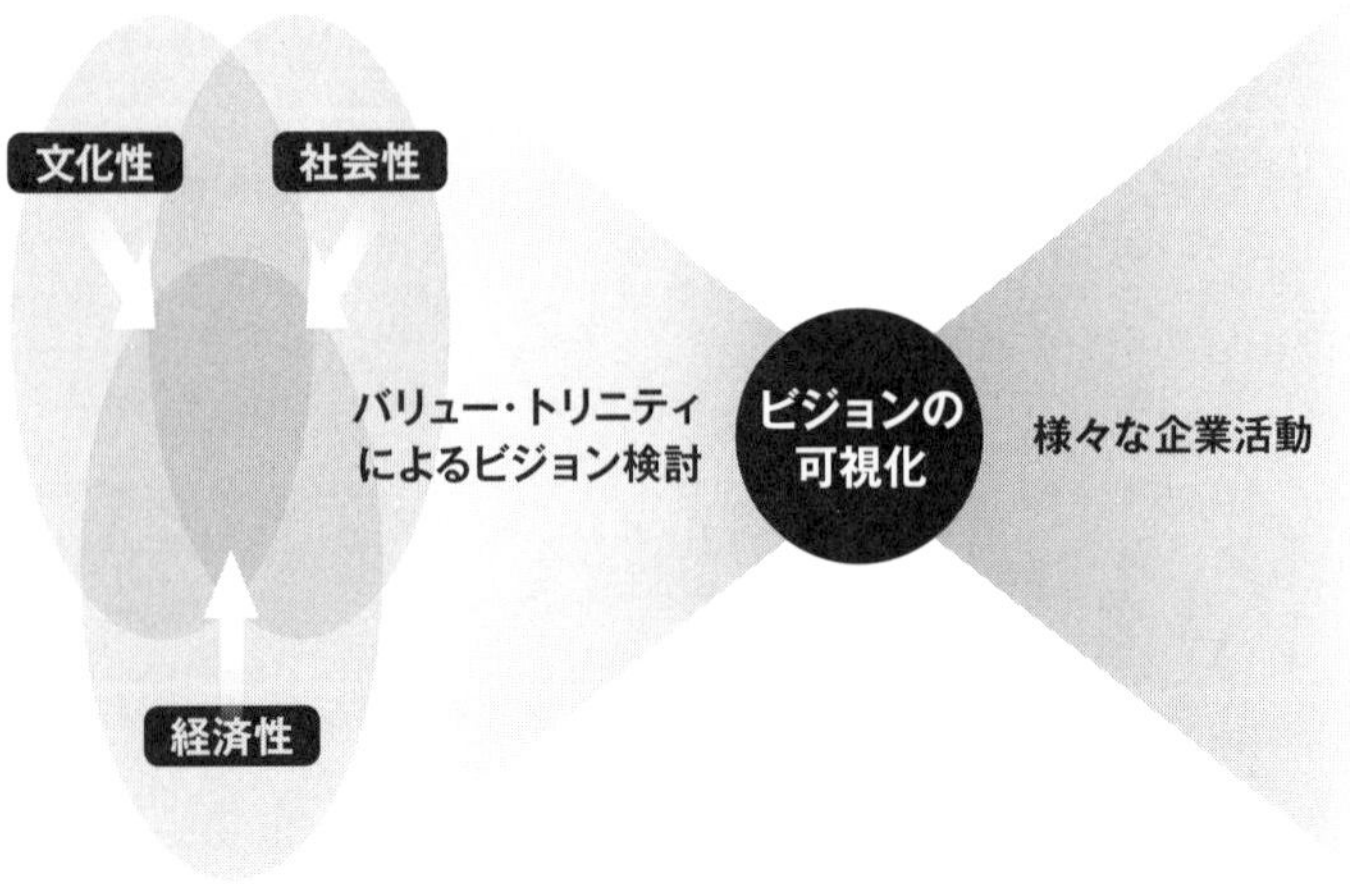

目の前にビジュアルとして表されることで、こうした問いが見る人に浮かび、その問いが各人の業務への取り組み方を変えていく。つまり、ビジュアルが個々人の新たな思考を促し、ビジュアルが描く自社の未来像の具現化に向けて、組織内の各部署の活動が自走的に変革していくのである。

ビジョンを策定し、発信してから、その方向性を変更するのは大変だが、ビジュアルであれば、簡単にシミュレーションできる。可視化する作業を繰り返していくことで、より精度の高い、ビジョンを設定することが可能になるのだ。

このように、ビジョンを構想し、そ

のビジュアルが多様な企業活動を生み出す経営のありようを図式化すると、図0－2のように表すことができる。

生活者と共有可能なビジョンを構想し、その構想を可視化することで、企業経営をビジョンに向けて動かしていく。変化が激しく、問題が多様化する時代だからこそ、自社が環境に働きかけて能動的に社会と自社の未来像を創っていく。そして、その未来像の具現化に向けて、企業活動の中で実践し続けることが重要だと考えている。

経営の方法論としての「デザイン」

この新たな経営のありようを追究するうえで、私たちは「デザイン」という方法論に着目した。デザインという単語を耳にすると、美しい絵であったり、商品や空間、スマートフォンなどのデジタル画面などが一般的には想起されるだろう。こうした「デザイン」という方法論の結果として生まれた商品・サービスは、人を惹きつけ、ときには高価格で販売され、付加価値を生んでいる。

アップルのiPhoneなどはその典型だろう。もし、iPhoneが現状とは異なる形状やインターフェースデザインであったら、現在のように世界的な高い市場シェアは達成しなかったかもしれない。

生活者にとって、形状としてのデザインは高い関心を抱く対象であることは間違いない。そして、ある1つの形状をもって商品やサービスが世の中に存在するのは、そのほうが「受け手である生活者にとってより魅力的である」と判断された場合である。

生活者にとっての魅力は、単なる使い勝手や価格の安さだけでは生まれない。デザインが生活者に価値を生み出すのは、より包括的で、人間が心地よいと感じるすべての要素を備えた「全人的な視点」があるからなのである。そして、それこそが、経済性・文化性・社会性の「バリュー・トリニティ」の視点である。

デザインは、経済的な視点だけではなく、人が必要とする生活の豊かさ・楽しさなどの価値観やライフスタイルであったり、社会においてその形が存在するうえでの自然環境、社会問題に対する関わりも考える。それらの最適解として、これまでに存在していなかった1つの形が世に生み出されるのである。

新たな形が目の前に現れることで、人々は多様な反応をする。ちょうど、iPhoneが生まれたとき、カバーやデコレーション、ストラップなど様々な付属品が新たに生まれたように、人々がその価値を認めれば、その形に刺激されるように新たな活動が自走的に生まれてくる。目に見える「形」として可視化されることの意義は、人々がそのモノについて自然とより良く

図0-3 | デザインの新しい活用可能性

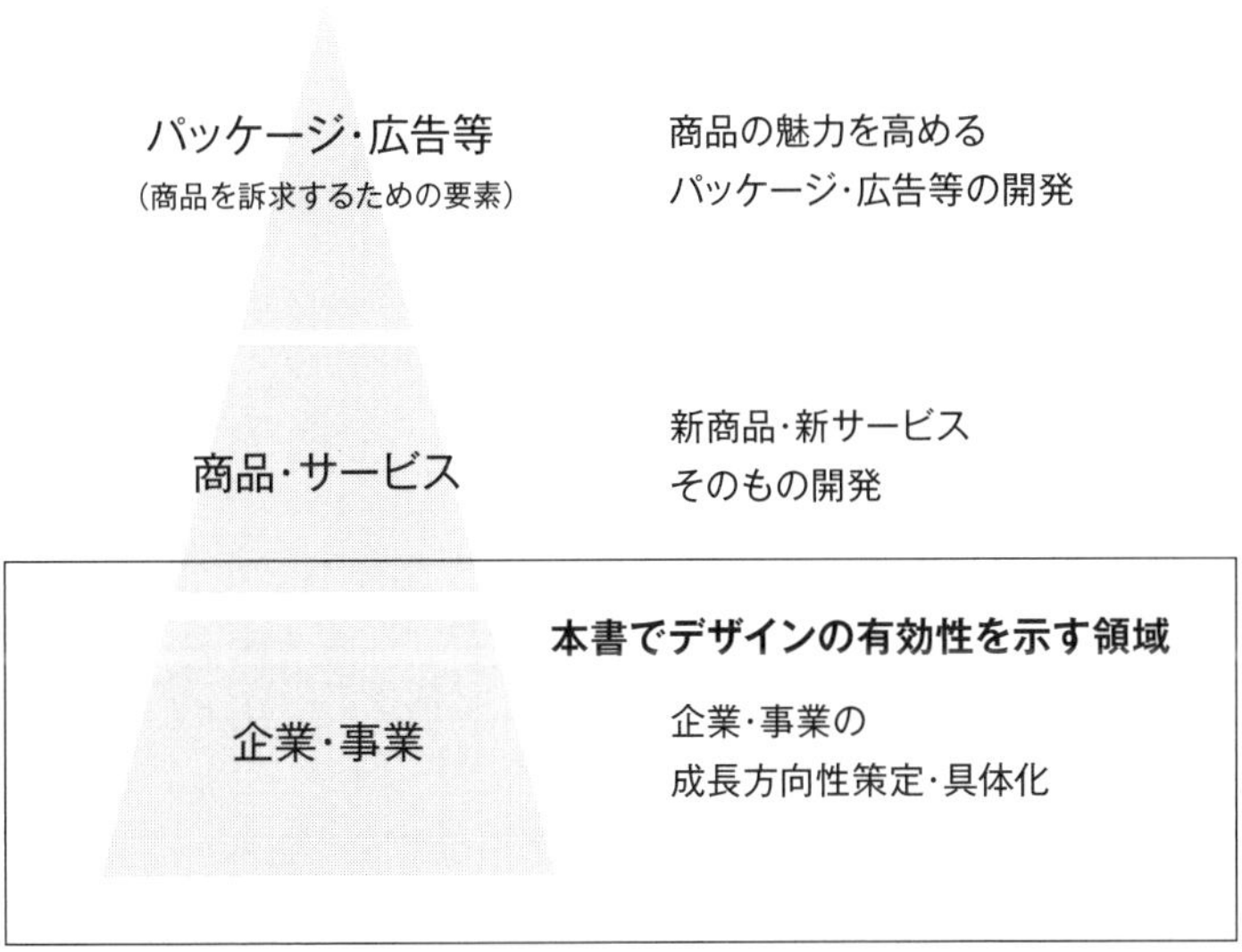

するための発想を巡らすことにある。

ここにこそ、デザインが新たな経営のありようを生み出すための方法論となり得る、と私たちが考えた理由がある。

そもそもデザインとは何か。

これまでの議論を踏まえて、「生活者が魅力を感じる未来像を構想し、形にする方法論」と定義したい。

デザインをそのように位置づけたとき、商品やサービスという具象だけではなく、企業経営にも活用可能となる。今この時代に生活者が企業に求める共感の源泉となるビジョンを生み、それを実践するための方法論になり得ると考えている（図0－3参照）。

生活者の共感を得るということが企業の持続的成長に必要不可欠であり、そのための新たな経営のありようはデザインという方法論にある、ということが本書のメッセージである。そして、デザインで考える新しい経営が、変化が激しく、多様な問題を抱えるこの時代を乗り越え、より良い未来を築くことにつながると考えている。

第1章と第2章では、生活者が企業に対して、ただ安い商品・サービスを提供するだけでなく、生活を豊かにすることや、社会に良いことを求めているという意識の変化を具体的に紹介しよう。そのうえで、生活者のこうした意識に対応している企業の事例を共有する。さらに、そういった企業の事例を「バリュー・トリニティ」のフレームワークに沿って分析することで、デザインを経営に活用することのイメージを共有したい。

デザインと経営のありようについては、その効果などをあらためて第3章で論じる。

また、第4章〜第6章では、実際に私たち自身が、デザインを企業経営に活用することに挑戦したプロジェクトのドキュメントとして、紀州梅効能研究会、深川製磁、東京都・港区の事例を取り上げる。そして最終章には、自社をデザインで変えるための基本的な方法論を記載した。

さらに巻末では、「無印良品」を運営する株式会社良品計画の金井政明社長、「Soup Stock

Tokyo」や「PASS THE BATON」を運営する株式会社スマイルズの遠山正道社長にも、実務家としての立場から、デザインと経営の関係について語っていただいた。

本書は、専門家でなくとも、1つのフレームワークを持つことでデザインを経営に活用できる方法論を提案している。

読み終えたあとには、ぜひ、ご自身の認識や問題意識に即した形で取り組んでいただきたい。

第1章

製品・サービスを超える競争優位性

企業が生活者と共有可能なビジョンを構想すべきだといっても、生活者の企業に対する関心が高くなければ、そもそも共有する必要もなくなってしまう。

そこで本章では、生活者が企業にどの程度関心を持っており、企業に対してどのような姿であってほしいと願っているのかを、データや事例などから具体的に紹介していきたい。

最新データで読み解く企業活動への関心

２００８年のリーマン・ショック以降続いた不況下で、生活者は企業をどのように見てきたのだろうか。

２０１１年、もの珍しさも相まって、記憶に強く残る事件がアメリカで起こった。「オキュパイ・ウォールストリート（ウォール街を占拠せよ）」と呼ばれるデモ活動だ。リーマン・ショック以降、不景気にあえぎ、失業率が高止まりしていたアメリカでは、ついにウォール街を占拠する生活者が現れたのである。

彼らが叫ぶスローガンは、「We are the 99 Percent.（我々は残された99％だ）」だ。

これはリーマン・ショック以降、さらに拡大した所得格差に対する批判である。２００７年には、最も裕福な1％がアメリカ合衆国の総資産の34・6％を所有していると言われている。企業経営者など富裕層に対する不満を表明した活動ではあったが、金融業を中心とした、大企業における所得格差に対する不信感の高まりを表していると言えよう。

生活者は、富を占有する大企業に対して不信感を抱いているというのが現状のようだ。アメリカだけではなく、日本においても、企業の商品やサービスに関する情報提供や労務管理に対して批判が起こっており、状況は似ていると言えよう。

こうした傾向はデータでも見て取れる。世界の研究者が協働して、各国の生活者意識を分析している「世界価値観調査（World Values Survey）」がある。

今回、日本を含むアジア、ヨーロッパ、北米、南米等の17ヵ国における生活者意識を1990年、2000年、2005年の3時点で分析した。すると、「大企業を信頼していますか？」という質問に対して、1990年以降、「信頼していない」という人の割合が一貫して増加していることがわかる（次ページ図1－1参照）。

こうした生活者の意識の変化を敏感に感じている経営者もいるようだ。紅茶の「リプトン」、台所用洗剤の「ジフ」、シャンプーの「ラックス」など、日本でもよく知られた日用品を製造する世界的な企業であるユニリーバのポール・ポールマンＣＥＯ（最高経営責任者）は、次のように述べている。

「『ウォール街を占拠せよ』運動の広がりの速さを見てください。つまり、人々は無関心どこ

図1-1 │ 高まり続ける大企業への不信感

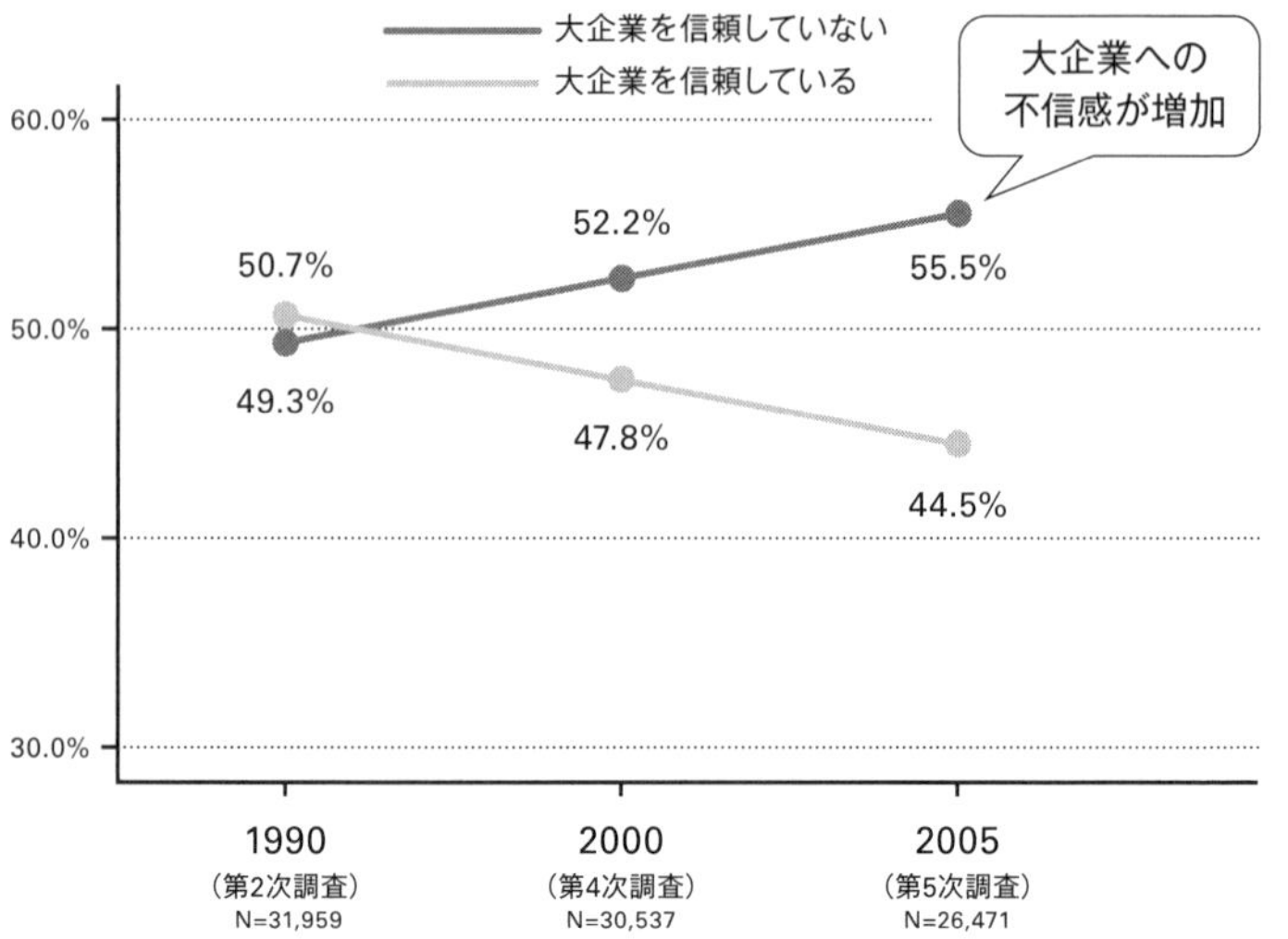

出典：「世界価値観調査」のデータベースをもとに博報堂コンサルティング分析

ろかちゃんと物事を考えており、自分たちのためにならないシステムから排除されていると感じるのです」

また、コカ・コーラのCEOであるムンター・ケント氏も、生活者が企業の行動・個性に対して高い関心を持っていることを指摘している。

「〈フェイスブック〉内のコカ・コーラのファンページには、三三〇〇万人の方々が登録しています。（中略）彼らは事業やブランドについて重要なことを教えてくれます。今日の消費者は、品質だけでなく、その製品をつくっている企業の個性に引かれて購入しています」

先進的な企業経営者は、生活者が企業の行動を「社会も含め自分たちのた

図1-2｜企業／ブランド、経営者の登録・フォロー状況

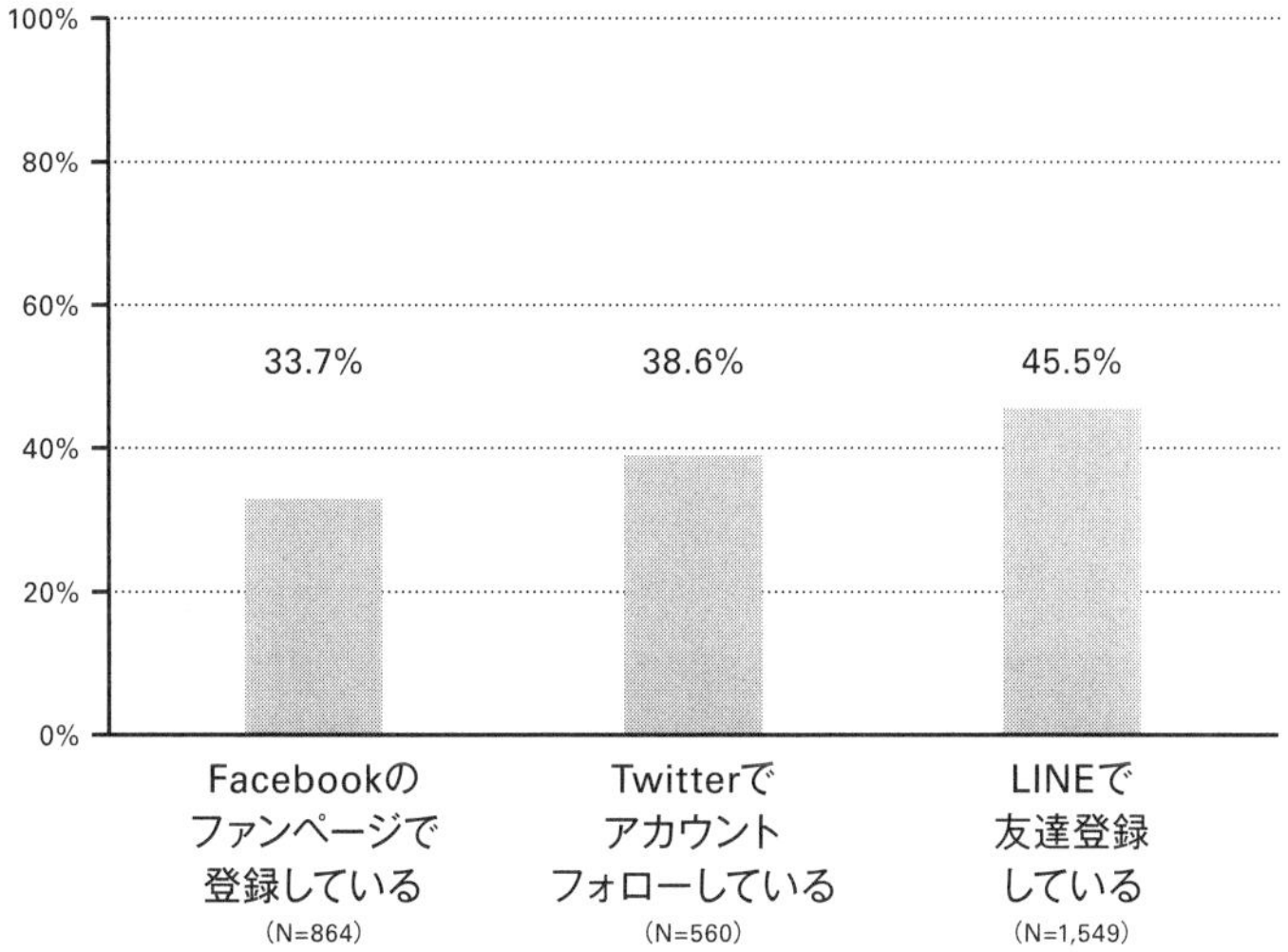

出典：博報堂

めに活動しているか？」と関心を持って眺めている、という認識を持っているようだ。ある意味、生活者が企業を注視しているとも言えるだろう。インターネットというツールがあるからこそ、以前では想像できないほど、企業に関する情報を生活者が入手できるようになったのである。

博報堂が持つ生活者のデータベースを分析すると、２０１３年時点において、フェイスブックで企業や経営者をフォローしている、ツイッター（Twitter）でアカウントフォローしている、ライン（LINE）で友だち登録している、という割合は、それぞれ３割から４割強に達している（図１－２参照）。

図1-3｜企業／ブランド、経営者の年代別登録・フォロー状況

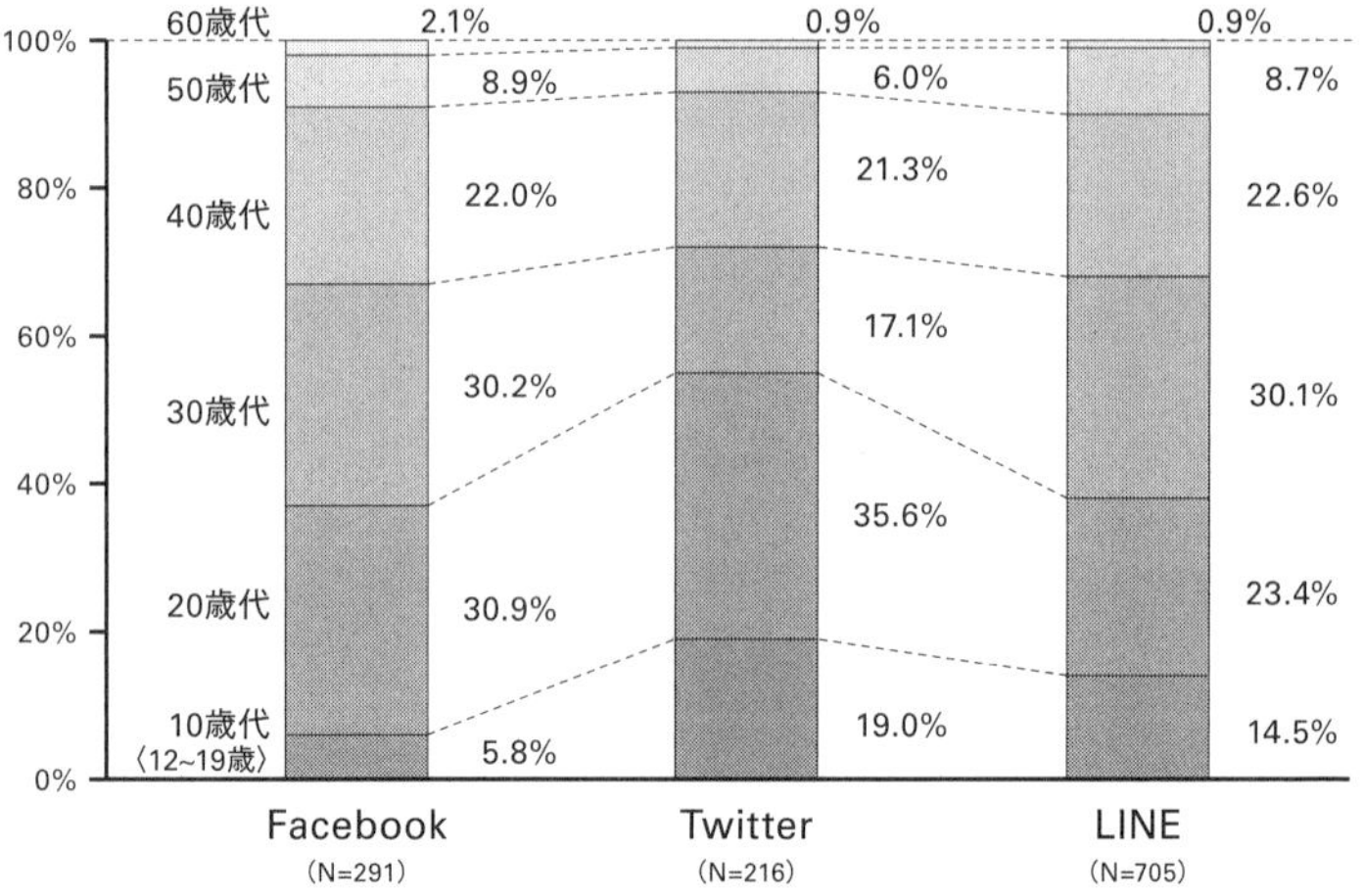

出典：博報堂

また、それはとくに20代〜40代で顕著な傾向にある（図1－3参照）。

現在では、比較的若い年齢層で顕著であるが、これからこうした傾向は世代交代が進むにつれて拡大していくことが予想される。

今後、ますます生活者による企業評価の時代という様相も呈してくるとも言えるのではないだろうか。

共感できる価値観・ライフスタイルが競争優位に

生活者は企業を注視し、企業に対してどのようにあってほしいと思っているのだろうか。まずはその背景となる、今の時代の社会特性を振り返るところから始めたい。

今、日本のみならず、先進国が直面している社会状況を言い表す言葉は何だろうか。

そのキーワードは「成熟社会」だと言えよう。成熟社会とは、1971年にノーベル物理学賞を受賞したデニス・ガボールが提唱した概念である。

「人口および物質的消費の成長はあきらめても、生活の質を成長させることはあきらめない世界であり、物質文明の高い水準にある平和なかつ人類（homo sapiens）の性質と両立しうる世界である」

ガボールは、成熟社会をこのように定義した。まさに、私たちが暮らす現代社会は成熟社会だと言える。日本も含め、世界各国の経済・技術が進歩し、生活者の暮らしが豊かになるにつれて、経済成長がゆるやかになりつつも、生活の質をあきらめない世界へ、という変遷を辿っている。

1970年代までの日本では、生活に必要なものを揃えたいというニーズに対し、大量生産商品で十分に応えられたかもしれない。しかし、1980年代以降、「ニーズからウォンツへ」と生活者の欲求が大きく変化していった。

衣食住も豊かに揃い、最新の家具や家電製品まで所有する生活に変わるにつれ、必需品から「必ずしも必要ではないが、どうしても欲しいモノ（＝ウォンツ）」が求められる状況になったと考えられる。私たちの暮らしを振り返っても、これがないと生活できない、という商品やサービスはもはやないだろう。生活に最低限必要なものはすべてである。そのうえで、自分はこれが欲しい、あれが欲しい、と個々人によって異なる「どうしても欲しいモノ」が現れるのである。

では、生活者が「どうしても欲しいモノ」とはなんだろうか？

内閣府による「国民生活に関する世論調査」では、国民生活の重心は1979年を境に「物の豊かさ」から「心の豊かさ」へとシフトし、その後一貫して心の豊かさに生活の重心をおく人の割合が増え続けている。2012年では、心の豊かさと物の豊かさを志向する人の割合の差は30％以上に達しており、「物質的にある程度豊かになったので、これからは心の豊かさやゆとりのある生活をすることに重きをおきたい」という意識が大勢を占める状況になっているのだ（図1－4参照）。

この結果は、アメリカの心理学者アブラハム・マズローが提唱した人間の欲求の階層に関する研究に符合する。

図1-4 | 1979年から「心の豊かさ」を求める時代に

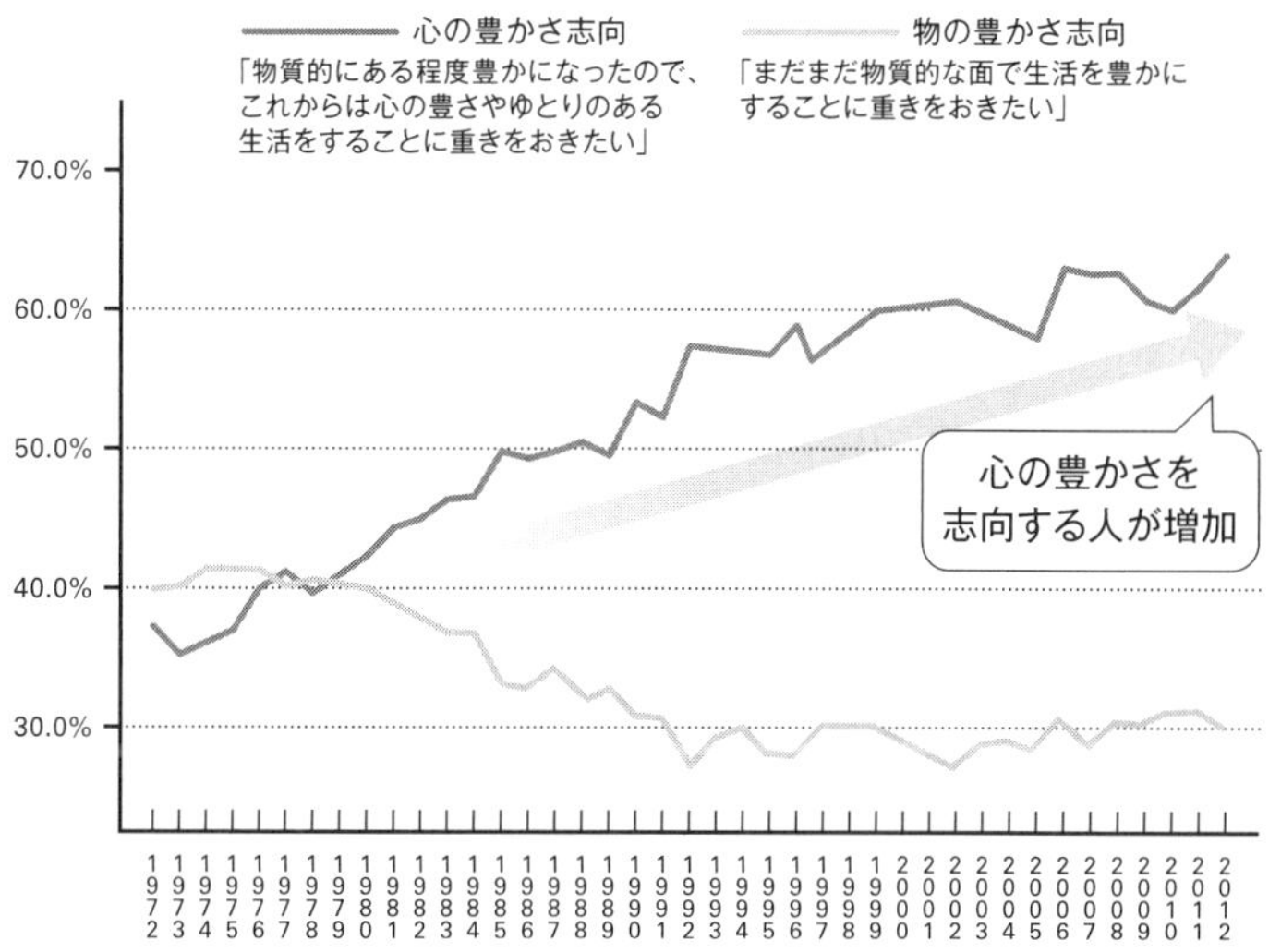

出典：内閣府「国民生活に関する世論調査」

よく知られているマズローの欲求段階説では、人間は、低次の欲求が満たされると、より高次の欲求の充足を目指すと言われている。

次ページの図1－5にあるように、人間の欲求は、生理的欲求から自己実現欲求へと5つの階段を上っていくのである。経済成長に伴う欲求の変遷も、このマズローの欲求段階説に近い面がある。

生活に必要なモノを、より多く、より安く欲しい、という経済成長の初期段階で見られた欲求が満たされた現代においては、「自分の心に豊かさを与えてくれるモノ」が重視されているのではないか。

生活者にとって、心に訴える何か

図1-5 | マズローの「欲求段階説」

があるということ。それはモノやサービスのスペックや価格などの機能というよりは、そこに込められた価値観やライフスタイルなど、自分の心・気持ちに触れる感性的な価値である。モノやサービスを使用・体験し、自分の価値観やライフスタイルに共感できる、または新たな何かを加えてくれたときに、心の豊かさが生まれる。心・感性という視座で商品やサービスの価値を検討しなければ、現代の生活者の欲求に応えられないのだ。

自分の価値観・ライフスタイルに共感できるからこそ、必要なモノがすべて揃っていたとする生活においても「どうしても欲しい」という気持ちを喚起させることができれば、企業はその対価を得られるのである。

もちろん、多くの経営者が、すでにこうした生活者の欲求に気づき、応え続けることで、企業の成長を実現している。そのような視点を持った代表的な経営者の声を紹介しよう。

ハワード・シュルツ　スターバックスCEO

「私は成長のために優雅さや気品を犠牲にし、質を落とすようなことは絶対に認めていない。実際には、スターバックスは目立たないながらも、これとは逆の方向に進んできた。会社が成長すればするほど、より高いレベルの独創的で革新的なデザインの開発にますます投資できるようになる。そうしなければ、スターバックス体験の代名詞になっている驚きや楽しさという特徴をより強く打ち出すことはできないのだ」

リチャード・ブランソン　ヴァージン・グループ会長

「金儲けだけを追求してビジネスをやったことは絶対にない、と正直にいえる。それが唯一の動機だったら、やらないほうがいいと信じている。ビジネスとは、人を熱中させ、面白く、クリエティブな本能を駆使するものでなければならない。（中略）私のビジネスをしたいという意志の根幹には『楽しさ』があり、それが私が初めからやってきたことのすべての核心をなしている。他のどのような要素よりも、『楽しさ』がヴァージンの成功の秘密である」

増田宗昭　カルチュア・コンビニエンス・クラブ代表取締役社長兼ＣＥＯ

「モノにはモノとしての価値がある。でも、現在のように、モノが余っている時代には、そこにスタイルとしての価値、付加価値が必要になってくる。実際のところ、企業の売り上げも、モノそのものの価値だけではなく、付加価値のクオリティの高さに比例するようになっている。逆にいうと、付加価値がつくれないと、業績は伸びない」

これらの経営者が率いる企業は、いずれも持続的に成長を続けている優良企業であると言えるだろう。各企業が「生活者に提供したい」と感じる哲学・文化、すなわち価値観を具体的な商品・サービスに込め、１つのライフスタイルとして販売していることが価値の源泉なのだ。

生活者が共感できる価値観を提供している企業は、インターネットで増幅される口コミによって以前よりも生活者の支持を得やすくなっている。逆に言えば、こうした価値観やライフスタイルを生活者に提示できていない企業は、氾濫する情報の中で埋もれてしまい、イメージの蓄積で劣ることで、市場競争においても不利な戦いを余儀なくされる。

しかし、生活者の目は、企業が提供する便益だけに向いているわけではない。その企業の活動が社会に貢献しているか、または社会に対する悪を働いていないかも評価の視点となる。

次節では「社会」という視点から、生活者が企業をどのように見ているかを紹介したい。

社会を無視した企業活動に潜むリスク

生活者が企業活動を社会的な視点から糾弾することは、新しいことではない。とくに欧米においては、企業活動の社会的な不正が告発されることで不買運動などにつながり、実際に売上や株価にも影響を与えることは多々ある。

有名な事例としては、1997年に起きたスポーツ関連製品メーカーのナイキの児童労働問題が挙げられるだろう。ナイキがベトナムで生産を委託していた工場では、高濃度の発がん性物質が充満している環境で、長時間労働を児童に強いていた。これが企業監視NPO（非営利組織）のコープ・ウォッチに暴露され、アメリカの新聞に掲載されることで、全米各地でナイキ製品の不買運動が巻き起こった。その結果、アメリカでの売上が減少し、株価も低迷するという事態に発展した。

ナイキは、こうした事態に迅速かつ適切に対応することで信頼を回復した。同様の労働状況が発生しないように、自ら海外生産拠点の労働状況を監視するNPO「グローバル・アライアンス」を設立した。ギャップやアディダスなど同業他社と共同で、工場の労働環境の監視と改善プログラムを実施する組織体制を構築したのである。こうした対応が功を奏し、生活者からの信頼を回復することができた。

生活者が企業の社会性を糾弾する同様の取り組みは、国際環境NGO（非政府組織）のグリーンピースなどにも見られ、動画共有サイトのYou Tubeのようなメディアを活用して、企業の行動を変えるまでに至っているものも少なくない。

このように世界では、生活者が企業の社会的行動を評価し、その評価が増幅することで、実際の企業活動に影響を与える状況が生まれている。

一般的には、日本の生活者は、こうした社会運動に対し、より保守的であり、欧米のような激しい抗議活動は起こらないという印象があるだろう。しかし、私たちの分析では、日本人も社会問題に対する関心は高く、商品・サービスを選択する際に企業の社会的な貢献度を意識する、という結果が出ている。

博報堂の生活者データベースを活用し、２００４年から２０１２年までの生活者の社会に対する意識を分析した結果が図１－６である。

結果を見て、最初に驚いたのは、「社会全体のためには不便なこともガマンできると思う」と回答した人の割合が増え続けていることだ。２０１０年から２０１２年はとくに増えており、東日本大震災の影響もうかがえる。

この結果から、社会問題に対する生活者のコミットメントが高まっていると言える。この調

図1-6 | 年々高まり続ける社会性への関心

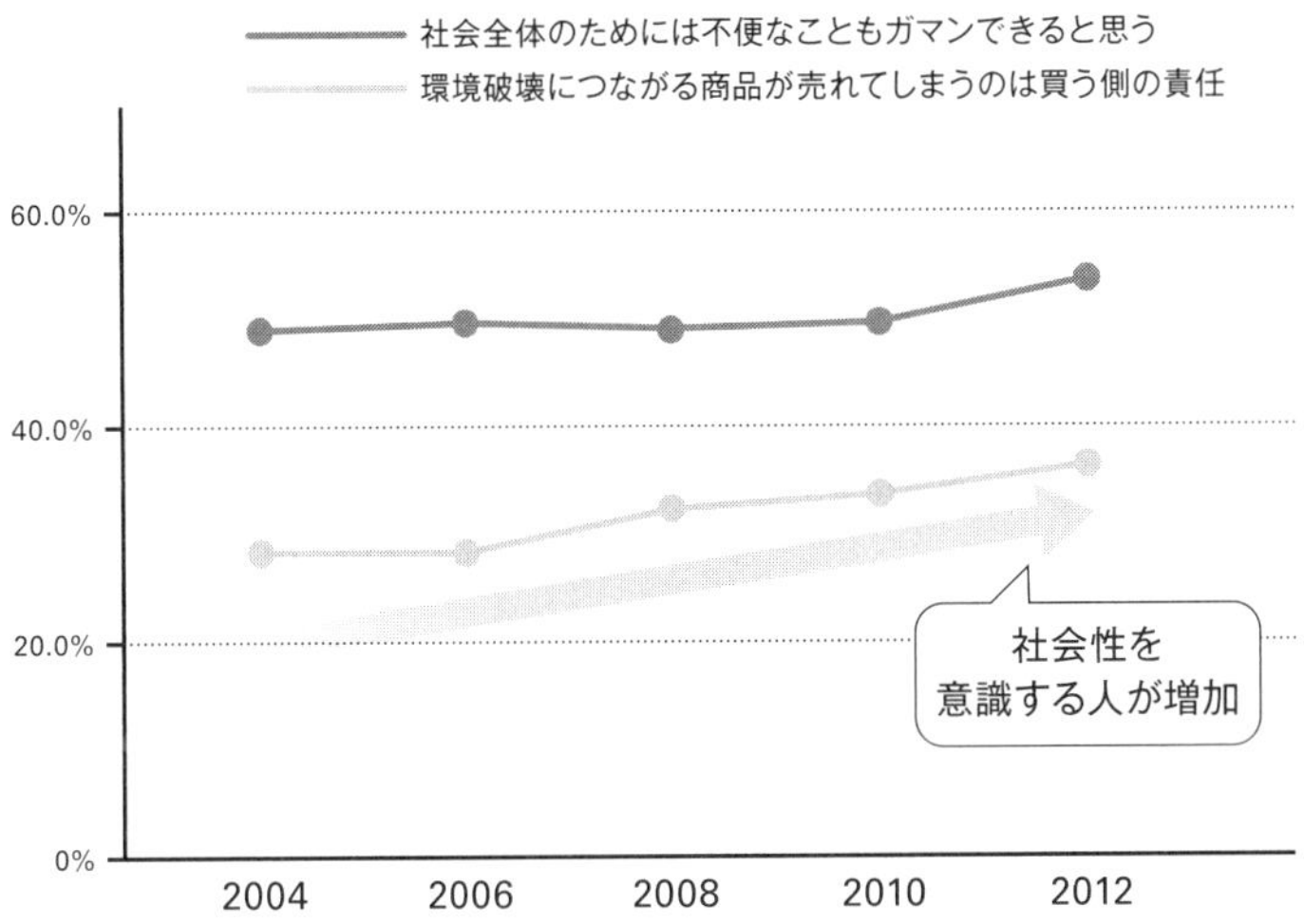

出典：博報堂

査の回答を言葉そのままに受け取るなら、機能や価格で少し見劣りする商品・サービスであっても、環境や社会問題に対して貢献しているのであれば選択される可能性があるということだ。

また、「環境破壊につながる商品が売れてしまうのは買う側の責任」という意識が高まり続けているという結果も注目に値する。「買う」という行為に、環境破壊につながり得る責任があるという認識が生活者には生まれ始めているのだ。

先ほどの「社会全体のためには不便なこともガマンできると思う」という意識傾向と合わせると、「多少不便であっても環境破壊につながる商品・サービスは買わない」ことで、環境問題に貢献したいという人も一定数現れ始めているのではないか。

生活者の社会的な意識傾向に対応する企業も多い。

価値観・ライフスタイルを提供することも重要だと認識しつつ、社会的な貢献も同様に重要だと考える経営者もいるのだ。

ユニリーバのポール・ポールマンCEOは、次のようにも述べている。

「我々は〈リプトン〉ブランドで、持続可能な茶葉の調達を実行するようになりました。もちろん、紅茶はおいしくなければなりませんし、価格も競争力が求められます。しかし、持続可能な調達もしているとすれば、それは我々にとってメリットですし、消費者もそのほうがさらによいと考えます」

まず、紅茶はおいしくなければならない。この「おいしさ」に加えて言うなら、紅茶を日常的に飲める生活というライフスタイルの提供が、生活者が対価を支払う動機になる。

さらに、環境にも良い調達をすることで、生活者の社会的な関心の高さにも応え、より高い支持を得られる可能性がある。しかも、手に取りやすい価格でありながら、同社の利益に貢献するのだ。

目指すべき未来像を本業の中で実現する

このように、生活者が企業活動に関心を持ち、自分たちの社会や生活に有益か、または不利益をもたらすのかを評価し、その評価を伝播することで企業活動に影響を与える時代になった。その影響力を増すきっかけはインターネット、とくに口コミ情報の拡散を容易にしたフェイスブックやツイッターなどの登場であろう。こうしたツールの存在が、企業の文化的、社会的な活動に対する生活者の意識の高まりをさらに促進していると言える。今の時代だからこそ、企業が生活者の共感を多面的に得ることの重要性が高まっているのだ。

こうした生活者の社会的な問題への意識の高まりに対して、企業はどのように対応すべきだろうか。

これまでは、企業の社会的責任（CSR：Corporate Social Responsibility）という名のもと、寄付行為や従業員による社会貢献活動への参加など、本業とは切り離された活動に取り組むことが多かったのではないだろうか。

もちろん、こうした活動は、社会的影響度も大きく意義があると言える。しかし、私たちは、企業が生活者からの真の共感を得るためには、企業活動自体が目指す未来像が生活者と共有可能であり、かつ本業において具現化されるべきだと考えている。本業の中でビジョンを実現していくからこそ、その企業の社会における存在意義、独自性が生まれるのだ。

寄付などの社会貢献活動でも、企業ごとの独自性をある程度打ち出せるが、既存の活動を支援するという点でどうしても似通ったイメージで捉えられかねない。その企業にしかできない固有の活動であるからこそ、他社と差別化された支持を得られるのである。

また、本業で取り組むことで、社会や人々の生活へのインパクトを大きくすることができる。とくに、グローバル企業であれば、資源調達・生産から商品・サービスの販売プロセスは全世界にまたがり、多大な影響力を持っている。影響力の大きな本業のプロセスを、ビジョンに基づいて変革することで、そのインパクトを寄付行為よりも大きくできるのだ。

では、こうした生活者と共有可能なビジョンを創り、本業の中で具現化するとはどういうことなのだろうか。そのイメージを共有するべく、次章では、先進的な企業の事例を紹介したい。

第2章

3つの視点から見る先進企業の特徴

図2-1 ユニリーバ、トヨタ自動車、王子ネピアの3つを分析する切り口

全社活動	Unilever
事業活動	TOYOTA
マーケティング活動	王子ネピア株式会社

出典：各社HPよりロゴを参照

第1章で紹介した生活者の意識変化に対して、企業は、具体的にどのように企業活動の中で対応しているのだろうか。

本章では、国内外の企業の事例として、ユニリーバ、トヨタ自動車、王子ネピアの3社について分析し、具体例を共有したい。

各社のビジョンについて、序章で提言したバリュー・トリニティに沿って分析しつつ、全社活動、事業活動、マーケティング活動といった多様な形式でビジョンを具現化し、実践できることを例示していく（図2－1参照）。

「よりよい明日を創る」、ユニリーバの全社活動

ユニリーバの歴史は、19世紀に遡る。1884年、ウィリアム・ヘスケス・リーバが、イギリスで石鹸《せっけん》を製造・販売するリーバを創業。その後、オランダのマーガリン会社「マーガリン・ユニ」と1930年経営統合し、社名を「ユニリーバ」に統一したことから発足した。

同社の創業のエピソードに、今日の経営の原点がうかがえる。19世紀には乳幼児の50％が1歳まで生きられなかった。こうした状況にリーバ卿が心を痛め、衛生状況の改善を目指して固形石鹸を開発したことが事業の原点だ。

最初の商品である「サンライト」のパッケージには、「この石鹸を使う人の誰もが清潔な暮らしを送れるように。（中略）充実した暮らしを楽しめるように」という願いが記されていた。この願いは、今日も「よりよい明日を創るために」という言葉として継承されている。人々に「きれいになる」「きれいな家に住む」という喜びを届けることからスタートした同社のビジネスは、100年を超えて世界をリードする企業へと発展したのである。

現在では、約190ヵ国にブランドを展開し、毎日20億人の生活者に商品を届けている。紅

茶の「リプトン」など、多様なカテゴリーで年間売上高10億ユーロ（日本円で約１１００億円）以上のブランドをいくつも展開しており、まさに世界的に成功した「勝ち組」企業と言える。

ユニリーバの経営を分析する際に欠かせない存在が、２００９年に同社のＣＥＯに就任したポール・ポールマンである。

ポールマンが就任当日に行った最初の改革は、利益予測の発表と四半期報告を廃止する（年2回の報告に変更）、というものだった。これは、ユニリーバの長期的な事業成長を重視する意向を端的に表している。

ポールマンはこのように語っている。

「株主価値を生み出すことだけが企業の責務ではありません。（中略）他のすべてを犠牲にして株主価値を高めるような近視眼的なビジョンでは、長続きする会社になりません」

つまり、株主に対する短期的な視座で事業成果にコミットするのではなく、長期的な視座に立脚して戦略を立案し、事業成果を振り返る、という新しい経営のサイクルを提示した。

こうしたことを提示すると同時に、ポールマンが掲げた経営目標が「環境負荷を削減し、社会に良い影響を与えながら、ビジネスの規模を2倍にする」という、一般的な企業目標としては極めて異色な内容であった。

ユニリーバのビジョンをバリュー・トリニティに沿って見ていくと、図２－２のように整理できる。

図2-2｜バリュー・トリニティで読み解くユニリーバのビジョン

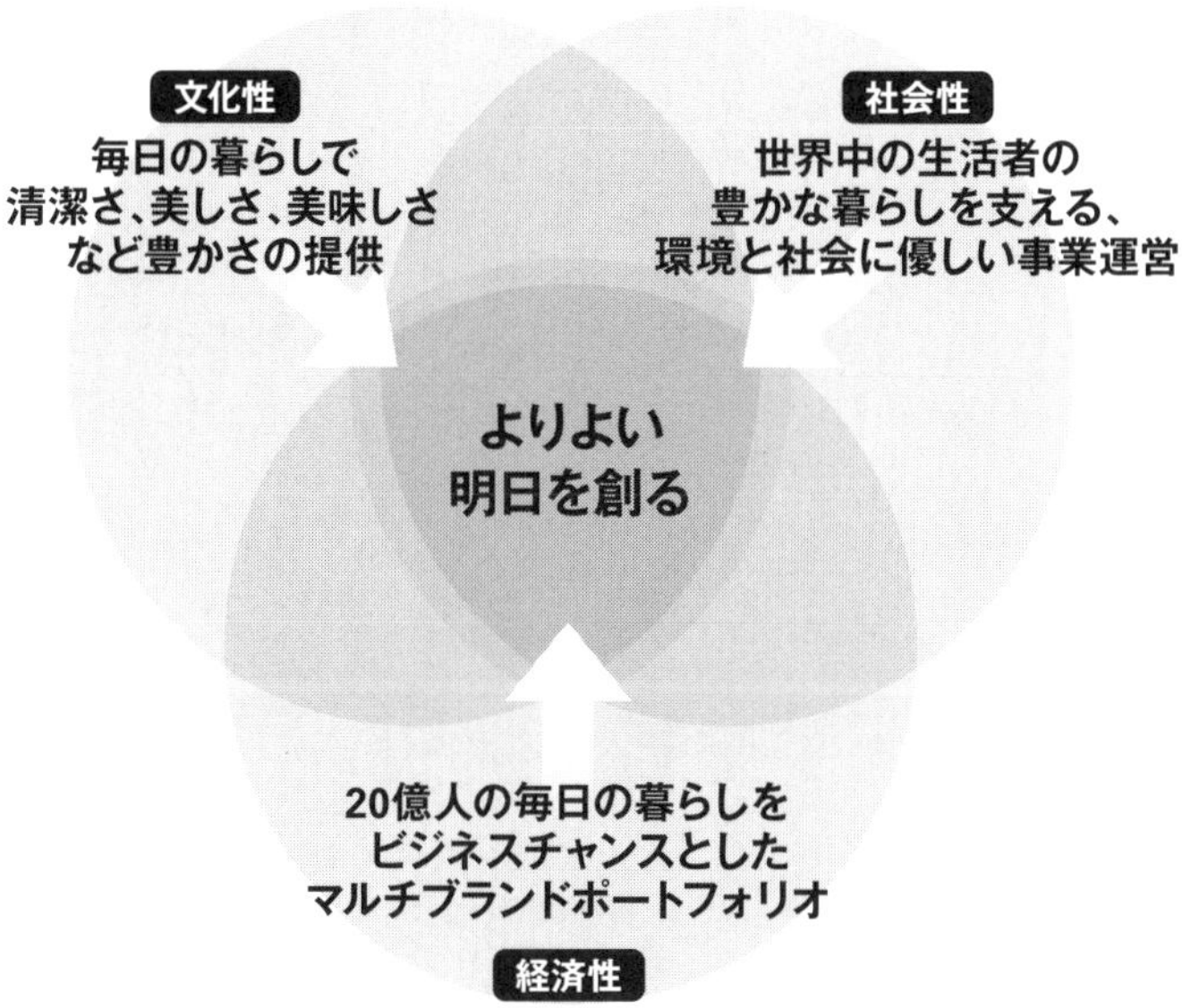

ユニリーバの企業特徴をビジョンに沿って読み解いていくと、「毎日の暮らし」をキーワードに、経済性、文化性、社会性が相互に連関していることがわかる。

毎日の暮らしの中、同社固有の清潔さ、美しさ、美味しさを提供することで付加価値を生む。そして、将来的にもその豊かな毎日の暮らしを維持するために、本業を通じて、自然環境への負荷を削減しようとしている。

同社は、この企業ビジョンを実現するための具体的な計画として「ユニリーバ・サステナブル・リビング・プラン（USLP：Unilever Sustainable Living Plan）」を２０１０

年9月に策定している。企業ビジョンそのものが、社会・環境への配慮と自社ビジネスの成長の両立を目指したものになっている。USLPの掲げる2020年までに達成すべき目標や、その実現に向けたビジネスモデルなども、社会性を強く意識した内容となっている。

2020年までに達成すべき目標には、製品ライフサイクルからの環境負荷の半減が掲げられている。さらに、その目標を達成するためのビジネスモデルも規定されている。社会・環境に関連する目標を実現するのが、ビジネスモデルである、という点も極めてユニークだ。その実現に向けたユニリーバの各事業での取り組みを詳細に規定している。

このビジネスモデルの起点となるのが、「利益ある数量成長」だ。

製品をより多くの生活者に届けることができると、ブランドが確立できる。すると、生産が最適化され、「コスト効率の向上」が実現される。その結果として、ビジネスへの投資余力が増える。投資余力が増えると「イノベーション+マーケティング投資」が行え、ブランド価値が向上する結果、「利益ある数量成長」がさらに実現できる、という好循環のビジネスモデルを構築している（図2−3参照）。

このビジネスモデル自体が、ブランドの生産活動から商品を通じて提供する価値に至るまで、持続可能な暮らしの実現につながっているのである。事業を運営することは当然自然環境から資源を採取することでもあり、一方で、世界中で多くの生産者の生活にも関わることになる。ポールマンは、インタビューでこの社会に貢献するビジネスモデルのメリットについて語って

図2-3｜「利益ある数量成長」を起点としたユニリーバの好循環モデル

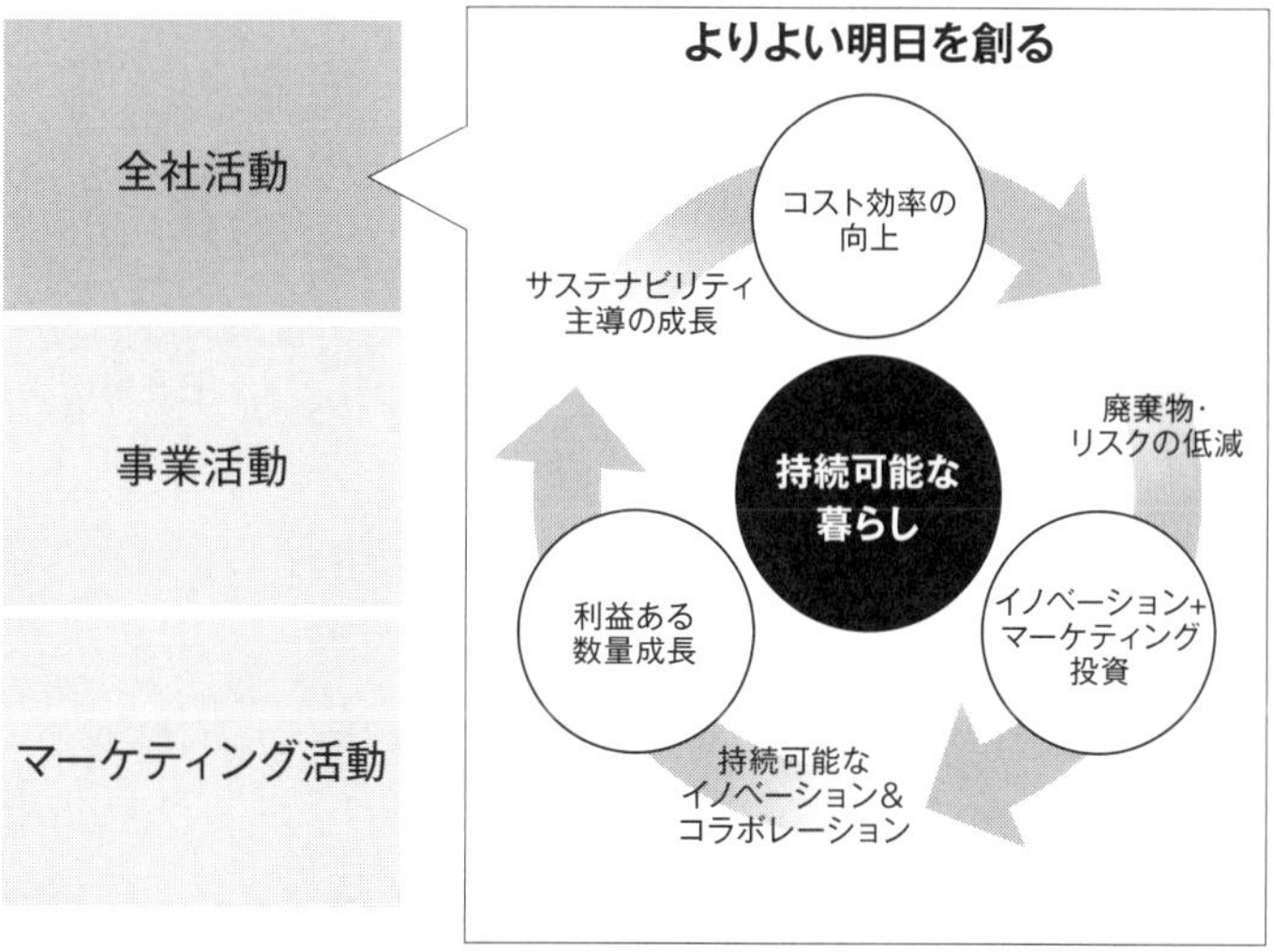

出典：ユニリーバのIRサイト

いる。

「持続可能な調達を考えてみましょう。単位面積当たりの収量が増えますから、時間とともにコストが減少します。パーム油にも紅茶にも当てはまります。また、地元の人たちといっしょに土壌管理をすれば、生活の糧を提供できますし、製品を買ってくれます」

このビジョンを具現化するビジネスモデルにおいて留意すべき点は、その起点である「利益ある数量成長」にある。毎日の暮らしに価値を提供できるブランドを持ち、世界中の多くの人がその価値に魅力を感じ、買いたいという気持ちを喚起できるからこそ、社会に貢献するための投資の余力も高まり、同時に、社会に対する良いインパクトを与えることが可能になる。

こうした、「よりよい明日を創る」というビジョンを具現化するビジネスモデルは、ユニリーバに何をもたらしているのだろうか。それは、長期間にわたる持続的な成長、つまり自社の持続可能性ではないだろうか。消費者だけでなく生産者もこのビジネスモデルに巻き込んでいくことによって、魅力的な製品を持続的に供給するサイクルが可能となる。

ポールマンの意思は明確だ。

「資本主義という形態は世界に大きな進歩をもたらしましたが、すべてを解決したわけではありません。道義心を持ち、社会貢献を正しくビジネスモデルに組み込める企業は成功すると考えています」

同社のさらなる成功がここからどのように展開されるのか、今後も注目である。

「笑顔のために、期待を超えて」、トヨタ自動車の事業活動

トヨタ自動車を知らない日本人は、なかなかいないだろう。

日本が世界に誇る自動車メーカーだ。

その創業は、１９２４年の豊田佐吉氏による豊田自動織機の完成にまでさかのぼる。その後、豊田喜一郎氏によるトヨダＡＡ型乗用車の開発を経て、１９３７年にトヨタ自動車工業として設立。カローラのような大衆車の生産を成功させ、安価で誰でもが乗れる自動車を普及させた。

その背景には、「トヨタ生産方式」として知られる「ジャスト・イン・タイム（必要な部品を、必要なときに、必要なだけ生産ラインに常備する）」の確立による、高収益を稼ぎだす安価な生産体制があった。一方で、時代に応じて、ＴＯＹＯＴＡブランドを冠さないＬＥＸＵＳや自然環境に配慮したプリウスなどを上市し、生活者に提供する価値を拡大してきた。

創立70周年を迎えた２００７年には、「トヨタグローバルビジョン２０２０」を策定。「人と技術の力で明日の世界を切り開く」をキーワードに、地球規模の環境・エネルギー問題などに対処しながら、「地球の一員」また「社会の一員」として役に立つ存在を目指している。

このグローバルビジョンを発展させ、２０１１年には企業の目指すべき方向性を全社で共有し、広く社会やユーザーに示す「トヨタグローバルビジョン」を発表。「お客様に選ばれる企業でありたい」、「トヨタを選んでいただいたお客様に笑顔になっていただきたい」という想いのもと、現在も活用されている「笑顔のために、期待を超えて」をキーワードとした。これは、「期待を超える商品やサービスを提供することで、お客様に驚き・感動を与え、お客様の笑顔が世界中に広がることを目指す」ことを意味している。

２００９年に社長に就任した豊田章男氏は、同ビジョン発表に際して、こう語っている。

「トヨタは、創業以来74年に及ぶ歴史の中で、様々な試練があったが、どんな時も『世界のお客様の笑顔』を励みとして、『社会に役に立つクルマをつくる』という想いで困難を乗り越えてきた。お客様の笑顔のために、持続的な成長を実現できる企業を目指して、グローバル30万人の従業員とともに心を一つにして、トヨタの新たな歴史をつくっていきたい」

また、「トヨタグローバルビジョン」は、次の文章にまとめられている。

「人々を安全・安心に運び、心までも動かす。そして、世界中の生活を、社会を、豊かにしていく。それが、未来のモビリティ社会をリードする、私たちの想いです。一人ひとりが高い品質を造りこむこと。常に時代の一歩先のイノベーションを追い求めること。地球環境に寄り添う意識を持ち続けること。その先に、期待を常に超え、お客様そして地域の笑顔と幸せにつながるトヨタがあると信じています。『今よりもっとよい方法がある』その改善の精神とともに、トヨタを支えてくださる皆様の声に真摯に耳を傾け、常に自らを改革しながら、高い目標を実現していきます」

このグローバルビジョンをバリュー・トリニティで読み解くと、図2－4のようにまとめられるだろう。

このビジョンにおいて、経済性と社会性の両立は、プリウスに代表されるようにトヨタ自動

図2-4｜バリュー・トリニティで読み解くトヨタ自動車のビジョン

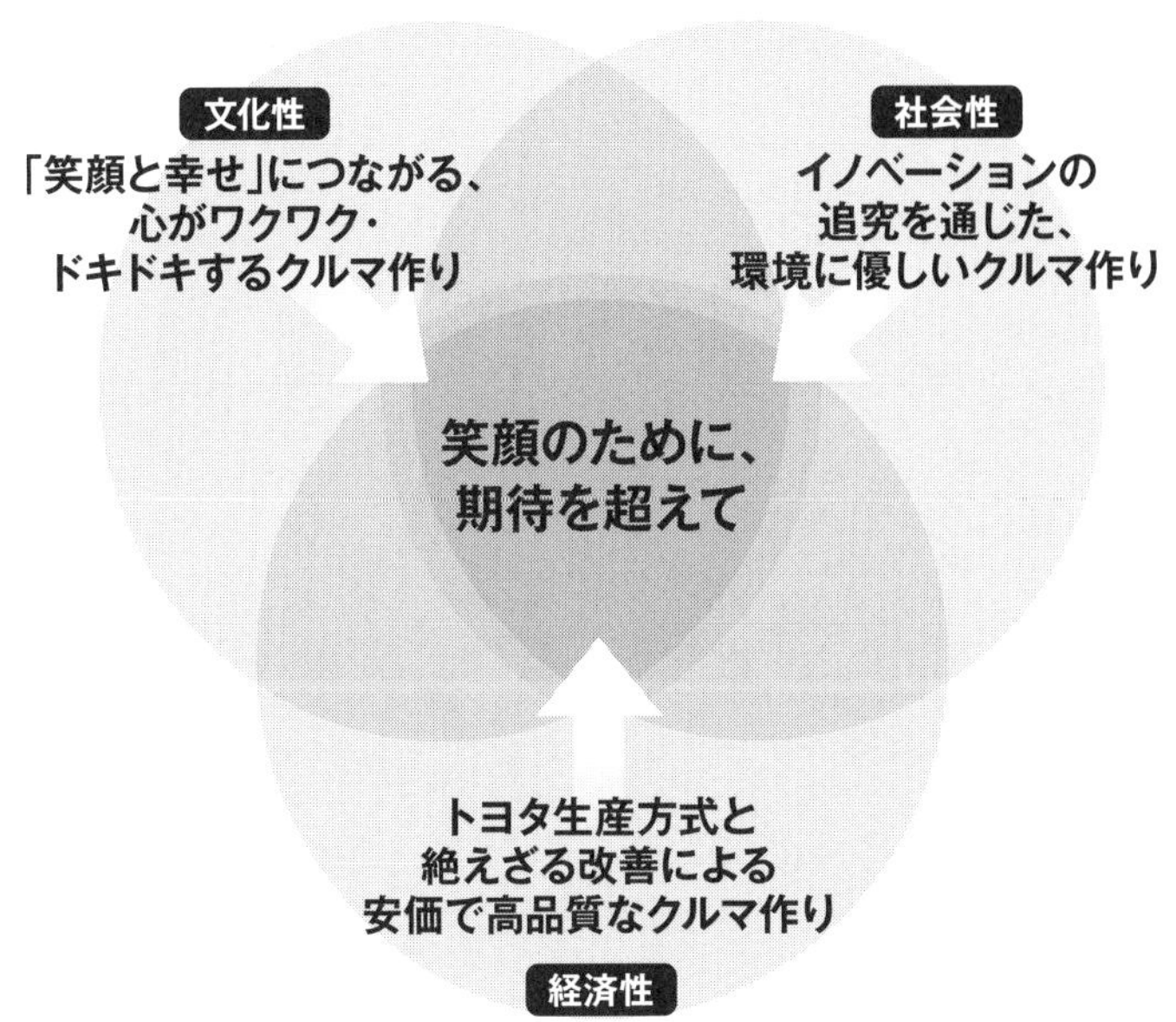

車の経営における中心テーマであったと言えるだろう。同社は、CSR経営を標榜し、本業のクルマ作り以外の社会貢献活動についても充実させている。一方、文化性についても、より積極的に関わっていこうという経営陣の意思が見える。

ビジョンの最初の要素「人々を安全・安心に運び、心までも動かす」という言葉の説明には、「お客様の期待を超える商品・販売・サービスが一体となったおもてなしと、心ときめく〝ワクワク・ドキドキ〟といった感動を提供していく」とある。同時に、2015年に向けたグローバルでの取り組みの1点目に挙げられた「商品力の強化」においても、次のような説明がなされている。

- 「もっといいクルマ」開発を念頭に、デザイン、感性品質を大幅に向上させ、現地が主体的にクルマづくりに参画する体制を整備していく。
- また、地域ごとのお客様ニーズに合った、ワクワク、ドキドキするクルマを展開していく。

トヨタ自動車のグローバルビジョンを具現化していくうえで、文化性の強化に向けたシンボリックな活動が求められているとも言えるだろう。

２０１１年の発表の後、この文化性の強化を担う新車種が２０１２年に登場した。それがトヨタ86（ハチロク）だ。

トヨタ86は、いわゆる量販スポーツ車に位置づけられる。開発においては、極めて異例ながら富士重工業と共同で実施。富士重工業の水平対向エンジンに、トヨタ自動車独自の燃料噴射システムを組み合わせるなど、両社の技術を集めて作られた。高い技術でありながら、手に届きやすいよう２００万円前後の価格で販売されている。

トヨタ自動車にスポーツカーのイメージを持つ人は少ないだろう。だが、それだけに同社のワクワク、ドキドキするクルマという新たな市場を創る意思が表れている。

豊田章男氏はトヨタ86についてこう語る。

「市場が縮小し、ラインアップの見直しで最初に切られたのはスポーツカーだったが、クルマというものは面白いもの、楽しいもの、エモーショナルなものであり、それを表現するにはスポーツカーが最も分かりやすい。全員がそういう車に乗るとは思わない。でも、なくてはいけない車だと思う」

こうした経営者の想いは、開発の現場でも徹底されている。開発責任者を務めた多田哲哉チーフエンジニアはそのこだわりを語る。

「本当に格好良いクルマを作るために、いろんな部分で既存の開発プロセスを見直した。そのひとつが部品共用化を低減しようという活動だ。目指す操縦性能を確保したり、細部までスポーツカーファンのこだわりに応える内外装とするために、躊躇なく専用設計の部品を活用した」

コストを限界まで低減するカイゼン活動で有名なトヨタ自動車では、通常はあり得ない開発スタイルを採用したのである。

販売の方法にも生活者にワクワク、ドキドキを提供するこだわりがある。国内販売事業本部を統括する前川眞基専務（当時）は「日本中にはクルマが好きな人、運転テクニックに関心がある人は多いだろう。そういう人が創る世界があるし、付き合いや集いもある」として、「じっくり、皆さんのそうした活動をお手伝いしていきたい」という考えから、「ＡＲＥＡ86」というハチロクの取り扱いを特徴とした店舗展開につながった。ＡＲＥＡ86は、「スポーツカー好きが集う大人のたまり場」をコンセプトとし、車両販売以外にもスポーツカー関連情報の提供やグッズ類の販売なども行っている。

スポーツカーの楽しさを伝える活動は、自動車本体へのこだわりや販売方法へのこだわりだけでは終わらない。スポーツカーの楽しさを共有できる場を創ることもメーカーの仕事として捉え、様々なサービスも展開した。こうしたスポーツカーの楽しみを感じてもらうサービス展開は〝スポーツカーカルチャー構想〟と呼ばれている。

トヨタ86の車種サイトは2012年8月までに340万件以上の利用があり、フェイスブックのファンページは1万2000人以上のファンがいる状況にまで成長した。

また、トヨタ86のファンが集う「86ソサイエティ」という独自のコミュニティサイトを開設。スポーツカー好きが楽しめる全国120の峠道を、「86ソサイエティ」上に掲載し、人気ランキングの発表やスマートフォンのアプリを活用した各峠道の走破記録の登録、訪問回数に応じたメダル授与など楽しみを提供している。

こうした取り組みの結果、トヨタ86の販売目標は、当初の国内の販売計画である月1000台という設定を大きく上回った。2012年2月の発表から1ヵ月で月販目標の7倍となる7000台を受注、4月の発売日には約1万台まで積み上がった。2013年3月末までの国内販売台数は累計2万6000台強。同年2月末時点での国内外での販売台数は、約5万3000台である。

図2-5 | 場を創るトヨタ自動車の「スポーツカーカルチャー構想」

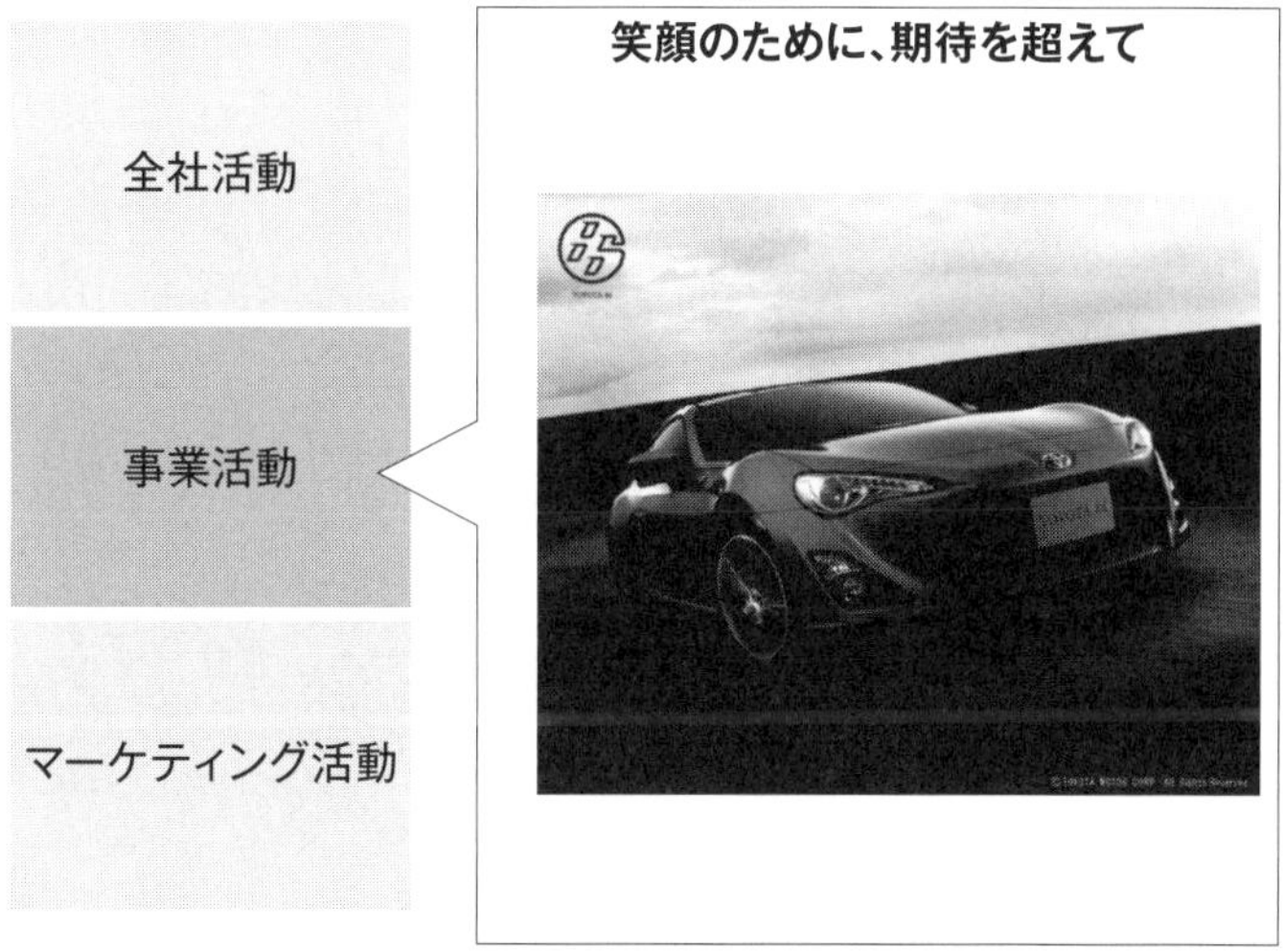

出典：トヨタ86ブランドサイト

国内で売れないと言われてきた量販スポーツ車にも確実な需要があることを裏づけた。

結果として、トヨタ86は、そのワクワク・ドキドキするスポーツカーの価値観・ライフスタイルが生活者から支持され、トヨタ自動車のビジョンを具現化する事業として成立した。ビジョンを具現化する活動は、全社活動でなく、個別の事業であっても生活者に対して、その意図を伝えることができる（図2－5参照）。

トヨタ自動車のビジョンを構成する要素のうち、文化性を強化するという意味合いからトヨタ86を紹介したが、目指すべきビジョンに対して、企業ごとの状況はそれぞれ異なる。

経済性、文化性、社会性の3つの最適解としてビジョンを導いたうえで、企業の状況に応じてビジョンを実現する活動の方向性を変えることで、企業総体としてビジョンの実現に近づくことができるのである。

「やわらかハート」、王子ネピアのマーケティング活動

王子ネピアという会社名以上に、「ネピア」という商品名をご存じの方は多いのではないだろうか。王子ネピアは、家庭用ティッシュペーパーの「ネピア」ブランドで知られる、ティッシュペーパー、トイレットロールなど紙パルプの加工メーカーである。

王子ネピア近年のヒット商品と言えば「鼻セレブ」をイメージする方も多いはずだ。

2004年に発売されたこの保湿ティッシュは、しっとりとした〝鼻触り〟の良さに徹底的にこだわった。従来は化粧品落としなど多様に使用されていた保湿ティッシュを「鼻をかむ」というシーンに特化した商品として導入した。また、高級や贅沢をイメージさせる「セレブ」を合体させたネーミングに特徴がある。

パッケージも特徴的だ。ウサギ、アザラシ、シロクマなど愛らしい鼻を持つ動物の顔写真を

用いており、店頭で見かけるとつい目が合い、愛らしい鼻に目が行く。

1箱400枚（200組）で実勢価格は300円前後。5箱パックの普及品の1箱あたりの価格に比べ4倍以上であったが、発売前には6～7％程度の保湿ティッシュ市場のシェアが、発売後は25％と劇的な伸びを示した。生活者の評価では、「鼻だけでもセレブになったと思うと魅力的」「カワイイ」といった声が寄せられているようだ。

ほかにも、王子ネピアでは、生活者に楽しさを提供しようという切り口の商品が多い。

2012年4月には、ウェットティッシュ「ウェットントン」を発売。長時間使用しても乾きにくい密閉度の高いフタが特徴で、フタとウェットを掛け合わせた「ウェットントン（ブタ＝豚＝トン）」が商品名だ。フタにも豚のキャラクターをあしらい、店頭でかわいらしく、目立つような工夫がされている。

こうした楽しさを特徴とした商品を開発・上市することで新たなマーケットを開拓し続けている、王子ネピアの事業活動の根幹にあるビジョンとは何か。

王子ネピアのマーケティング活動を牽引している、今敏之取締役マーケティング本部長にヒアリングをさせていただいた。

まず、同社の根幹にあるビジョンは「やわらかハート」というスローガンに込められている。ネピアがステークホルダーと共有していきたい〝やわらか〟と〝ハート〟という価値観がそこに表現されている。こうした肌触りのやわらかさ、素材に込められた思いやり、心配り、情熱、気配り、真摯さなどを、商品そのものや商品のコミュニケーションを通じて訴求している。

今取締役は、こうした事業活動の先にある目指す姿について語っている。

「王子ネピアは、トイレ紙を扱う会社というオリジンがある。生活者から〝しょせんトイレ紙〟と言われるままでは、商品の価値よりも価格の安さが重要になってしまう。王子ネピアとして、トイレ紙の捉え方を単なるトイレ紙ではなく、衛生問題や健康問題、環境問題、生活習慣、マナーなど生活者の問題を解決する手段としてトイレ紙を位置づけることで〝されどトイレ紙〟と言われるようになるのではないか。

〝トイレ紙〟から生活で使用される〝生活紙〟のメーカーとしてネピアの企業姿勢を示し、生活者からのGoodWill（友好的な意識）を獲得したいと考えている。つまり、商品価値を超える新たな価値としてネピアブランドに対する好意度・愛着を醸成し、生活紙の選択機軸を変更したい」

今取締役が言うような、王子ネピアの目指す姿や現在の企業活動から同社のビジョンは図2－6のように整理できるのではないか。

王子ネピアのビジョンの中で焦点となるのが、社会性の強化だと考えられている。

王子ネピアは、楽しさを軸とした商品開発により、経済性と文化性を両立してきたと言える。しかし、今取締役自身が言うように、衛生、健康、環境、生活習慣、マナーなど生活者の問題を解決する手段として紙が認識されている、という状況にはまだ至っていないのではないだろ

図2-6 バリュー・トリニティで読み解く王子ネピアのビジョン

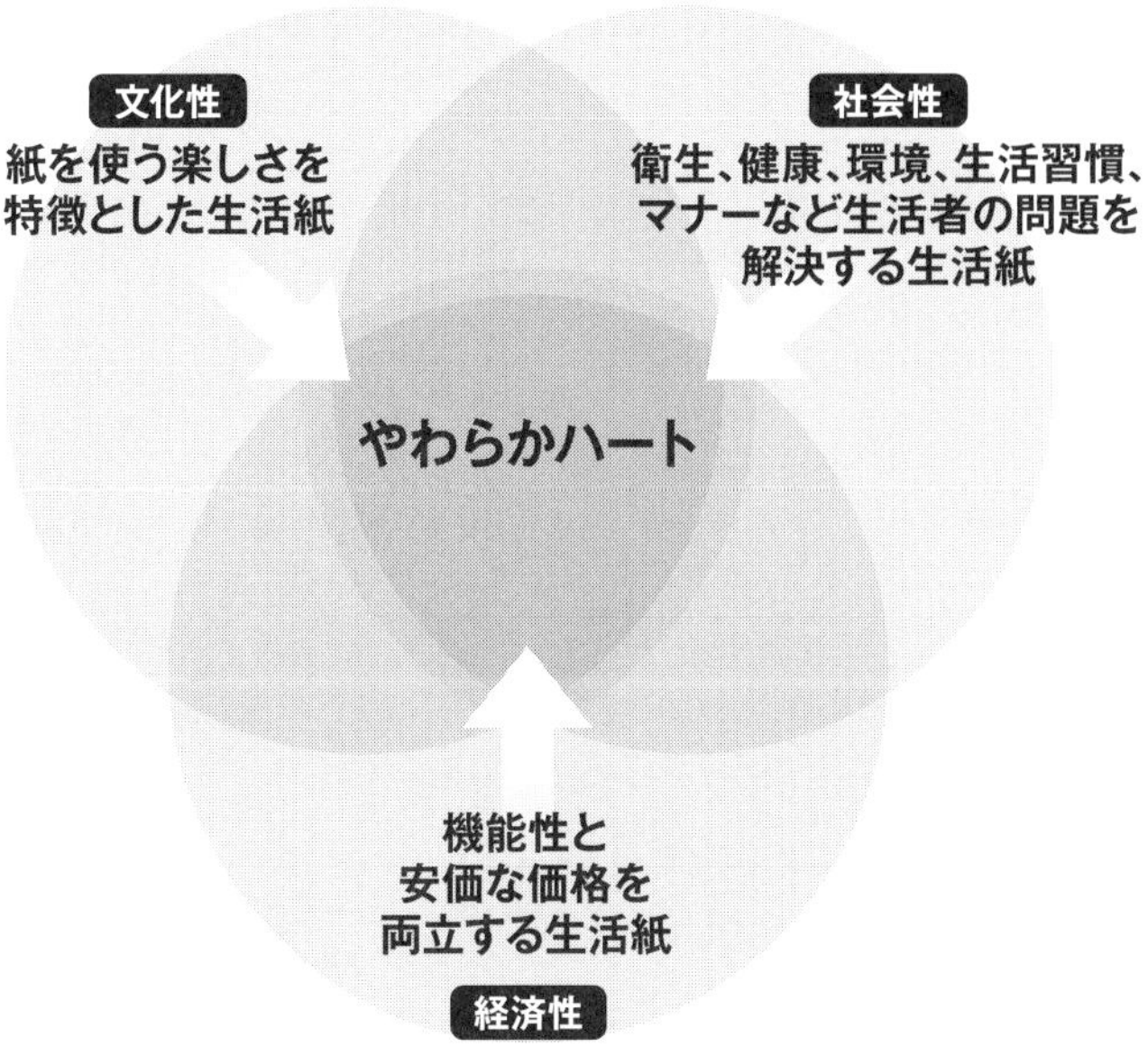

うか。トヨタ自動車のケースとは逆に、経済性と社会性の両立の強化がとくに求められているという状況にあった。

そうしたなか、王子ネピアが社会性の強化を目指して行ったマーケティング活動が「千のトイレプロジェクト」である。

千のトイレプロジェクトは、社会課題である途上国の衛生問題（トイレ環境）を改善するために、ユニセフと共同で取り組んでいる活動である。

キャンペーン期間中のネピア商品の売上の一部で、ユニセフの東ティモールにおける「水と衛生に関する支援活動」に対して寄付を

図2-7｜ビジョンを形にする王子ネピアの「千のトイレプロジェクト」

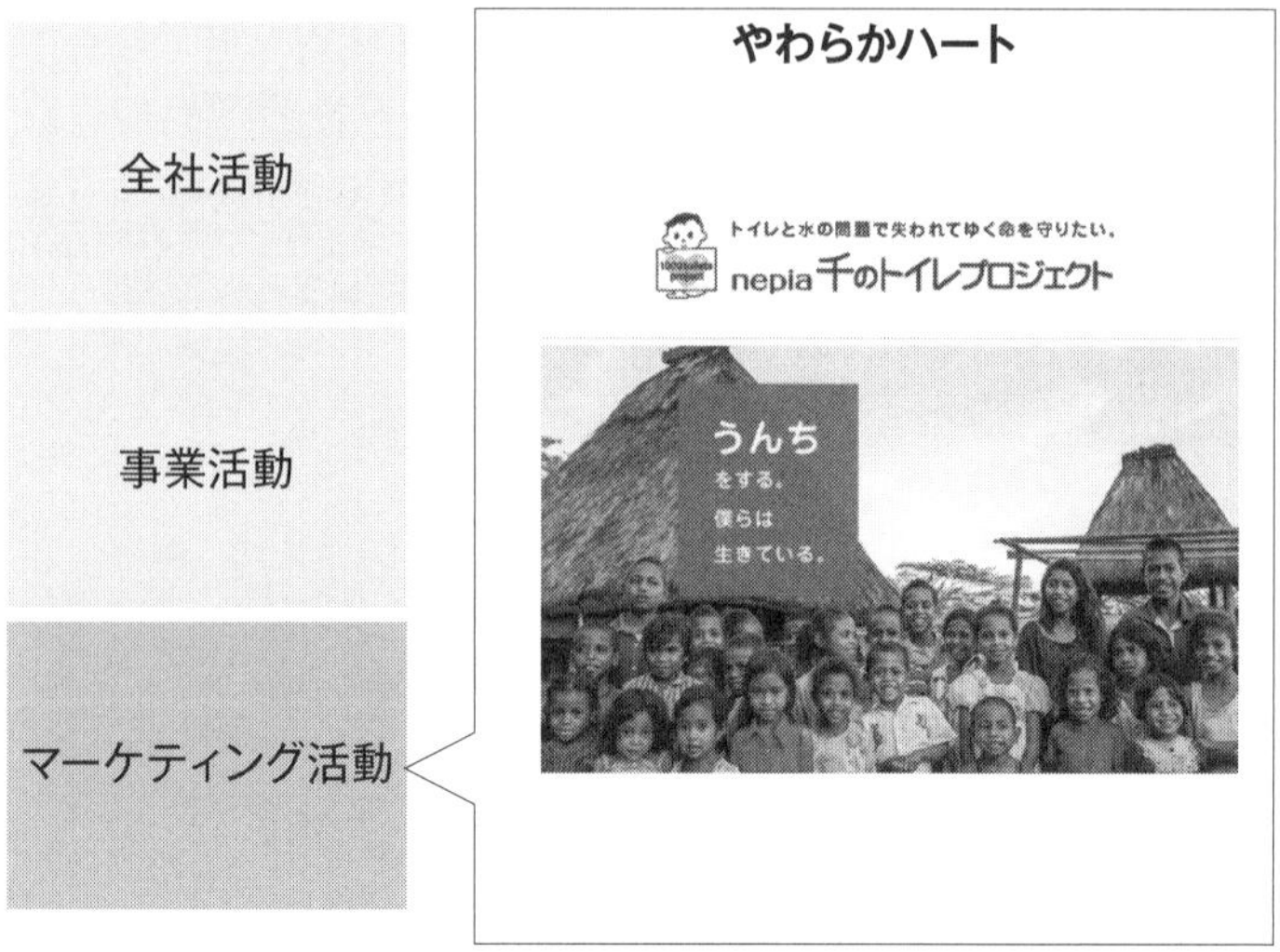
全社活動
事業活動
マーケティング活動
やわらかハート
トイレと水の問題で失われてゆく命を守りたい。
nepia 千のトイレプロジェクト
うんち
をする。
僕らは
生きている。

出典：千のトイレプロジェクトHP

する。1パックごとにユニセフへの寄付を積み上げる、いわゆる企業の主義主張（英語で「cause」）を軸に展開するマーケティング活動のコーズ・リレーテッド・マーケティング（CRM：Cause Related Marketing）と言える（図2－7参照）。

　本活動に対する王子ネピアの主義主張は、トイレットペーパーという事業領域に沿って、トイレを使うことで下痢などの病気を防ぎ、ひいては、衛生問題で命を落とす子どもを少しでも救おう、という社会貢献にある。

　東ティモールという国は、あまりなじみがないかもしれない。王子ネピアは、困っているアジアの国を、アジアの一員として救うという観点から、東ティモールを選んだとのことだ。とくに、東ティモールは、５歳未満児の死亡率が出生１０００人あたり54人におよび、汚れた水とトイレの不備から、下痢が５歳未満児の主な死亡原因になっている（ユニセフ『世界子供白書』より）。にもかかわらず、農村部でのトイレ普及率が約36％（２００９年時点）にとどまっていた。この現状に対して、トイレットペーパーを製造する企業として立ち上がったのだ。

このマーケティング活動の結果として、２０１１年までの累積の寄付総額は、約６９００万円に上り、家庭用トイレの累積建設数は、１０００件を大きく超え７３３８件に上った。単純な寄付だけにとどまらず、東ティモール国民に対する衛生習慣の普及と定着を支援し、現地の人々が自立しながら、衛生的に安心できる暮らしを送ることを目指している。

千のトイレプロジェクトというマーケティング活動により、生活者のネピアブランドに対する印象が変わったという。ネピアを買うことに対するイメージは、年代別に次のように認識されていると同社は分析している。

20代「社会貢献活動に参加すること」
30代「子どもの命を守ること」
40代「先進国の使命感」
50代以上「企業への支持表明」

ネピアブランドに対するイメージが変わることで、事業成果にもつながっている。実際に、定量的な分析を行った結果、ネピア製品が価格キャンペーンによらず生活者に選ばれるようになってきている、ということが明らかになったという。まさに、第1章で紹介した、博報堂の生活者データベースの分析で明らかになった「社会全体のためには不便なこともガマンできると思う」という意識と同様の傾向だと言えるのではないだろうか。

経済性だけの観点であれば、安ければ安いほどその商品が選ばれるだろう。しかし、ここで見られた傾向は、多少価格が高くとも社会に良い影響があるのであれば、その商品を選ぶ、という経済性だけではない消費行動である。

この結果に対して、今取締役は、「すごい会社ではないけれど、『親しみを感じ・応援したい』という生活者に共感される会社に変わりつつある」と、千のトイレプロジェクトの事業に対するインパクトを語っている。

こうしたマーケティング活動を続けることの意義を再確認したのは、2011年3月11日に起きた東日本大震災だった。この震災をきっかけに、日本の生活者の意識が大きく変わったと認識しているという。

今、顧客と企業の関係性が変化してきている。他社との差別化を狙ったこれまでのマーケティング活動は、その効果に陰りが見え、その代わりに、企業や商品・サービスの存在意義を伝える活動が求められているという。

「企業や商品・サービスがなぜ存在しているのか？」という問いに答えられなければ、顧客との関係は希薄化する一方の時代となったのだ。

共感を得て、支持される企業が持続的な成長を実現する

本章では、生活者から共感を得られるビジョンを策定し、様々な企業活動に落とし込んだ3社の事例を紹介した。

いずれの事例でも共通しているのは、①ビジョンが生活者と共有可能な3つの視点（経済性、文化性、社会性）を有していること、②そのビジョンを具現化するための活動は、生活者の共感・支持を得て、結果として事業成果につながっているということだろう。

生活者の共感を得たビジョンは、自社の成長につながるだけでなく、社会にとっても良い影響を与えることができる。

第1章で紹介したように、生活者が企業の文化性と社会性も加味して評価する意識が高まるなか、今後こうした経営の潮流が、先進的な企業に留まらず、多くの企業でも取り込まれていく可能性がある。

そして、実際にこうした経営のありようを導入しようとした場合、具体的な方法論が必要に

なる。

序章でも紹介したように、その方法論は「デザイン」である、と私たちは考えている。

第3章では、なぜ、デザインが新しい経営の方法論として適切であるのか、私たちの考えを紹介していきたい。

第3章

経営は
デザインそのもの
である

デザインの対象として経営を捉える

第1章・第2章を通じて、生活者の意識の変化とその変化に対応している先進的な企業の事例を紹介した。

生活者が企業を、その提供する価値観やライフスタイル（文化性）、環境問題や社会問題への姿勢（社会性）といった観点から注視し、評価する潮流が生まれている。そのなかで国内外の先進的な企業は、規模の大小によらず、生活者からの評価・共感を得るために、自社の目指す姿を生活者と共有可能な形で定義し、企業活動で実践している。

こうした先進的な企業に続くために、必要な方法論として私たちが提言するのが、「デザイン」である。

一般的には、「デザイン」と聞くと、商品などのプロダクトやパッケージ、ウェブサイトなどのデザインなどを想起する人も多いと思う。ここでは、そうした従来からイメージされてきた「デザイン」ではなく、経営における方法論としての「デザイン」を考えていきたい。

博報堂グループにおいて、クリエイティブ部門出身の社長であった東海林隆は、デザインを経営そのものとして位置づけていた。

「経営とはデザインそのものだと思う。デザインは、人間全体を正面に据えて考える方法論だと言える。人間全体を考えるから、左脳や数字だけでない総合的な視点を、経営にもたらすことができるのだ」

この言葉に見られるように、デザインの対象を経営に据えることで、企業・事業の成長の方向性が社会や生活者に魅力的なものとして見えてくる。

そして、その成長の方向性に基づいた新商品や新サービスの開発など、様々な範囲がデザインの対象として広がっていく。

私たちの提言する経営とデザインの関係を読み解くにあたって、故スティーブ・ジョブズによる、アップルの経営の考え方を例にするとわかりやすい。

あらためて言うまでもないが、アップルは、世界中で多くの生活者から支持されて、成長してきた。そして、その革新的な商品だけでなく、様々なデジタルサービスや店舗などは、ジョブズのビジョンに基づいて生まれている。第2章で紹介した生活者と共有可能なビジョンに基づいて企業活動を展開し、成長してきた会社とも言えるのではないだろうか。

さらに本章では、アップルの経営について、デザインに焦点を当てて読み解いていきたい。

アップルという会社の魅力の根幹には、商品からコミュニケーション、そして経営のありようにまで、一貫したデザインの力が重要な役割を担っていると思われる。

アップルにおけるデザインと経営

アップルの何が魅力なのだろうか。

iPhoneやiPadなど、商品の形状や画面のインターフェース、またそれら製品の広告やウェブサイト、iTunesやApp Storeなどのサービスと製品との連動による一体感のある体験など、具体的に私たち生活者が触れる様々な接点が魅力を伝えていることは間違いない。

しかし、その背後にある魅力の源泉は、実は共通している。新商品のプレゼンテーションで見られるように、次にどのような世界、未来を提供しようとしているのか、という期待感こそが魅力の源泉であり、ジョブズが夢見た次なる未来像に、私たちは魅了されてきたのではないだろうか。

そして、その未来像が商品やサービスとして世に現れているが、それ自体はあくまでもツールであり、ジョブズが創りたかったのは、それらのツールが普及することで変化する人々の生活だったと思われる。

ジョブズは、未来を具現化し、生活者に提示するという自身の姿勢を次のように語っている。

「顧客が今後、なにを望むようになるのか、それを顧客本人よりも早くつかむのが僕らの仕事なんだ」

また、マッキントッシュ発売の当日、記者にどういう市場調査をしたのかと尋ねられた際の答えは、彼の未来に対する姿勢を明確に現している。

「アレクサンダー・グラハム・ベルが電話を発明したとき、市場調査をしたと思うかい？」

アップルは、常に世の中を変えてきた。iPodとiTunesによって音楽業界のありようを変え、音楽をダウンロードし、自分の好きな曲すべてを持ち歩いて楽しむことができるようになった。また、iPhoneというスマートフォンが生まれ、多様なアプリを生み出すソフトウェア産業が誕生し、人々は携帯電話で新たな楽しみを得た。

こうした、まだ世にない未来の生活を生み出す力は、デザインの力そのものだ。何かしらの形を生むデザインという方法論も、そのデザインが世の中にどういうインパクトを与えるかを考えることからスタートする。

ジョブズもデザインを形としてではなく、その形が生まれる前の「魂」という言葉で位置づけている。

「ふつうの人にとって『デザイン』というのはベニヤ板さ。（中略）でも僕にとっては、（中略）デザインというのは人工物の基礎となる魂のようなものなんだ」

デザインが魂と位置づけられるように、会社によってその魂には違いがあるだろう。

アップルにはアップル固有の魂の色が、経営から商品、広告、パッケージまで一貫した美意識として感じられる。アップルの美意識は、誰もが感じるようにシンプルさにある。シンプルさとは、その意味合いと逆に、実現するのはとても困難だが、アップルでは製品だけでなく、事業活動にも活かされていた。

「なにをしないのか決めるのは、なにをするのか決めるのと同じくらい大事だ。会社についてもそうだし、製品についてもそうだ」

実際、ジョブズがアップル追放から戻ってきたとき、最初に行ったことが製品ラインの絞り込みだった。自社生産へのこだわりも捨て、選び抜かれたサプライヤーにアウトソーシングすることで、経営をシンプルにした。

「シンプル」という独自の美意識に基づいて、経営から商品・サービスまで一貫して生み出し続けてきたことで、「アップルらしさ」、すなわち、アップルというブランドが醸し出す雰囲気が生まれていると言える。

このアップルらしさが醸成されることで、他社との印象の違いが生まれる。デジタル機器で新しい体験を提供する、というアップルが提示してきた未来像を、もし他社が掲げていたとしても、ソニーはソニーらしく、サムスンはサムスンらしく未来像を追求するであろうし、実際に商品も異なっていたであろう。

未来像を、事業活動から商品まで落とし込むことが可能で、その際に一貫した自社らしさがあり、競合との差別化につながることは、デザインの大きな力だと言える。

また、アップルは、顧客のことを考え抜き、統合的な体験を提供することを意識している。もし、アップルらしさを掲げていても、様々な顧客接点でバラバラの表現や体験を提供していたら、アップルの価値は伝わらないだろう。

「ほかの連中のようにガラクタを作るのではなく、すごい製品が作りたいからだ。ユーザーのことを考えるから、体験全体に責任を持ちたいからそうするんだ」

たしかに、製品を知る広告やウェブサイトから、Apple Storeという店舗・店員、商品を開けるときのパッケージや説明書、商品自体とそのインターフェース、ウェブサービスまでのすべてが、iPhoneであればiPhoneの価値を伝えるよう統合されている。そして、その統合的な体験を提供するためには、各顧客接点の見た目の美しさだけでなく、製品を生み出すプロセスにおいても統合的であることが求められる。

「僕らは統合された製品を開発するのだから、プロセスもコラボレーションで一体化する必要があるんだ」

このような統合的な働き方は、未来を創る意思を共有しているからこそ実現できる。全員が世界を変える「すごい製品」を創るべく一丸となって努力するのだ。もちろん、こうした努力のすべては、生活者に新しくかつ価値ある体験を提供したいがためである。

ここまで俯瞰したアップルの経営におけるデザインの力は、次の2点に集約されると考えられる。

①生活者も社員も共有し、ともに目指したいと思える未来像を創ること
②その未来像を具現化するために、すべての企業活動に一貫性を持って落とし込むこと

世界を変えるデジタル製品を創りたい、という強烈なビジョンと、そのビジョンを実現させるための企業活動に一貫性があり、生活者に新しい体験を提供するべく、すべての接点で一貫して価値を魅力的に伝えている。そして、社員もそのビジョンに共感するからこそ、自らビジョン実現に向けてまい進するのだ。

このようにまとめると、ビジョナリー経営や一般的なマーケティングの概念と同じだと思われるかもしれない。しかし、こうした考え方との一番の違いは、ビジョンも企業活動も、すべての起点が全人的な意味での「生活者」であるという点であろう。

アップルは、経済的な価値だけを追求する「消費者」ではなく、新しい価値観やライフスタイルを求め、世界・社会が変わっていくことを期待する「生活者」を見つめている。消費者として顧客を捉えていれば、未来像も異なり、したがって企業活動も異なっていたはずだ。「生活者」として顧客を見据えて、常に新しい世界像を事業活動の中で一貫した美意識のもと

に構築してきたからこそ、現在のアップルがあるのではないだろうか。

マイクロソフトと自社との違いを評して、ジョブズは「人間性」を鍵として語っている。

「彼（ビル・ゲイツのこと〈筆者注〉）はビジネスマンなんだ。彼にとっては、すごい製品を作るよりビジネスで勝つほうが大事だった。（中略）マイクロソフトのDNAに人間性やリベラルアーツはあったためしがない」

このように生活者を全人的に捉え、顕在化していないウォンツを引き出し、可視化できる能力が重要となる経営は、第1章と第2章で説明した、今の時代が求めている経営のありようと合致していると考えられる。そして、その重要性が高まりつつある今こそ、経営の方法論としてのデザインの重要性が増すのだ。

デザインという言葉は新たに定義される

デザインという方法論は2つの機能を持っている、と私たちは考える。

1つは、消費者ではなく全人的な存在として生活者を捉え、自社と生活者が共有可能な未来像（＝ビジョン）を構想すること。もう1つは、そのビジョンを現実化するために、事業、商品・サービスなどの具体的な活動として形にすること、である。

すなわち、デザインとは、「生活者が魅力を感じる未来像を構想し、形にする方法論」と定義することができるだろう。

私たちが強調したい点は、構想することの重要性である。

これまでもデザインは、形を生み出すための方法論として、一定の重要性を認識されていたと思う。しかし、構想なく形を生み出すことは、新しい形を次々と世に生み出す、単なる流行を追うだけの行動に陥りやすい。競合を真似たような形、または最新の流行のスタイルを見ながら、ただ斬新さだけを提供する形など、いたずらに多様な商品・サービスが生まれては、早い速度で消えていく消費社会を加速化してしまうだけであろう。

どのような社会や生活者の未来を創りたいのか、その未来の生活において必要となる形は何か、を熟慮する必要がある。そして、生活者の共感を得て、引いては自社の利益に戻ってくる、という経営に取り組むことで、競合との微差の差別化の競争から解放される。

この構想する、形にするというデザインの機能は、いずれも人を全人的に捉えなければ成立しない。共有可能な未来像を構想する際、1円でも安く、より高い効用を得られることだけを判断軸とする「経済人」を想定していたら、世の中の企業はすべてコスト・パフォーマンスのみで競争することになってしまう。

しかし、現実の社会は、経済性だけで商品・サービスの売買が成立しているわけではない。

図3-1 | 3つの価値で構成される「Value Trinity」（図0-1の再掲）

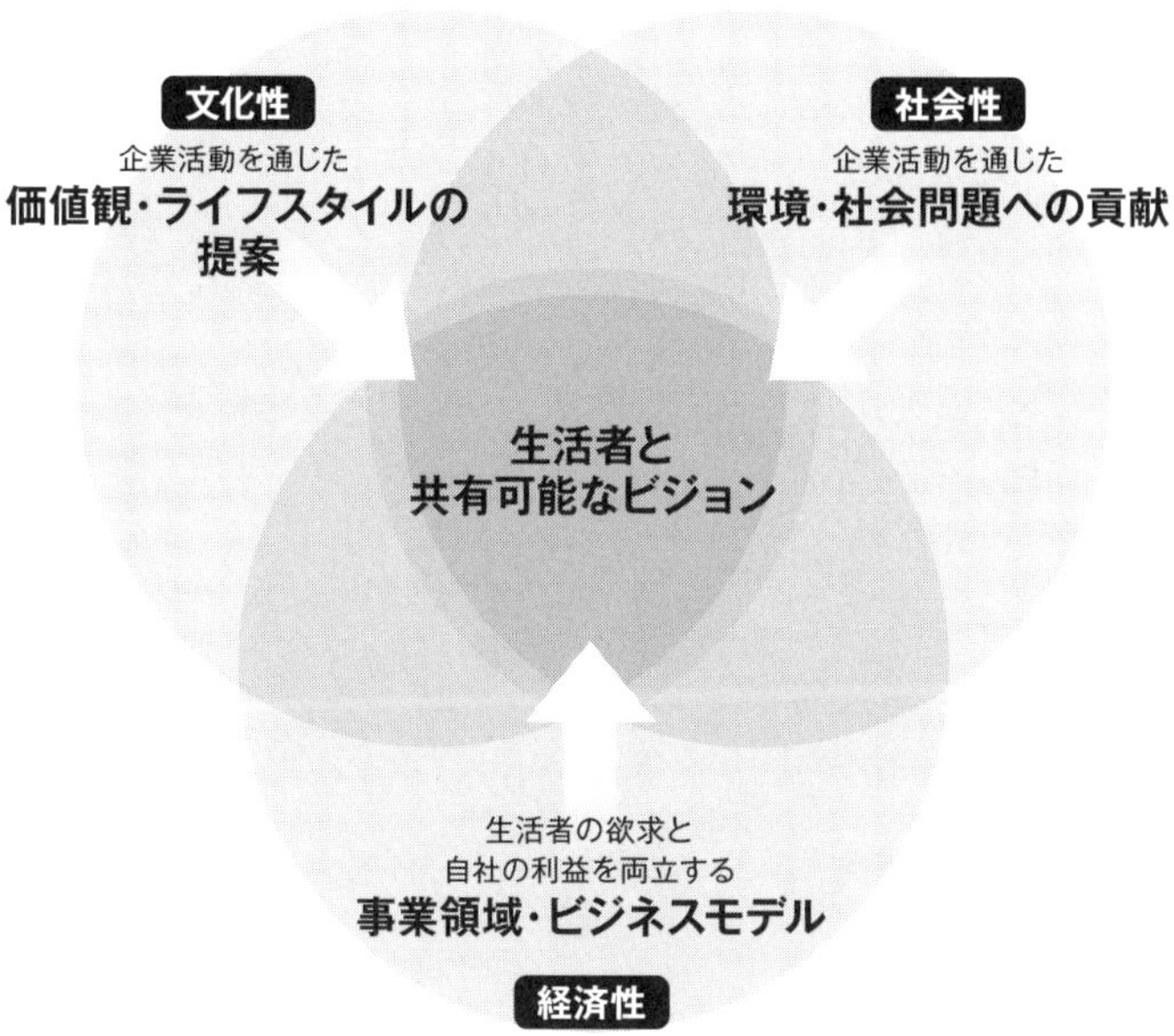

第1章で言及した生活者の意識でも述べたように、自分たちの暮らしに豊かな価値観・ライフスタイルを提案してくれるのか（文化性）、また社会や環境の問題に対して貢献し、より良い社会を創り上げてくれるのか（社会性）、といった観点に立つことで、自社が目指すべき未来像が見えてくる。

つまり、経済、文化、社会という全人的な視点から自社と生活者との交点を構想する必要があるのだ（図3−1参照）。

形にする際も、同様である。

プロダクトにしても、サービスにしても、形として世に生み出す際には、主にどのような人が使うのか、どのような場所に、どのように配置することが良いのか、見たときにどんな気持ちになるか、使い勝手は良いか……など、全人的な視点から考えていく必要がある。

経済人だけを想定してしまうと、たとえば使い勝手がとても悪いスマートフォンであっても、価格が安ければ生活者に受け入れてもらえることになってしまう。しかし、人は価格だけでなく、機能、感性面など多様な視点で「形」を評価するため、ここでも全人的な視点を持つことが必要なのである。

また、形にする、ということには経営上、重要な意味がある。

生活者と共有可能な自社の未来像は、その具現化に向かわなければならない。

そうした未来像は、企業活動の中で商品・サービスとして可視化される。さらに、その未来像自体がグラフィックなどで可視化される。社内の様々な人材がまさに目の前にそれを見ることで、未来像を具現化するために必要なアイデアがさらに刺激される。結果として、各人が自走的に思考し、未来像の具現化に向けて必要な活動が生まれてくるのだ。

世の中に生み落とされた新しい形は、１つの新しい意味や情報を生み出し、見る人・関わる人に意味や情報について考えさせる。つまり、形があることで、次なる形を触発するのである。

アップルのナレッジ・ナビゲーターは、その１つの具体例だ。

ナレッジ・ナビゲーターは、１９８８年の当時、未来のコンピューターのコンセプト・モデルとして命名されたものである。

当時、制作されたナレッジ・ナビゲーターを紹介する動画は、現在YouTubeでも閲覧可能である。この動画では、あたかもすでに存在するかのように、2011年9月16日に、1人の男性がナレッジ・ナビゲーターを使用するシーンを紹介している。

ナレッジ・ナビゲーターは、人工知能を備え、ユーザーが話しかけると音声で応答して情報の検索やお店の予約などをこなす、モバイルデバイスである。当時の技術では、すぐに実現することは不可能であり、ビジネスとしての苦しい状況もあり、ナレッジ・ナビゲーターを目指したプロジェクトは打ち切りになった。

しかし、23年後の2011年にiPhone 4sが発売された。そこには、ナレッジ・ナビゲーターが持っていた画期的な音声で応答できるシステムが「Siri」として搭載されていた。その他にも、ナレッジ・ナビゲーターの特徴は、当時の動画の内容よりもはるかに魅力的なスペックを伴って発表されたのだ。

かつて、理想として制作された未来像が、その23年後に実現されることは、通常では難しいことであろう。

しかし、重要な点は、この未来像が可視化されていたからこそ、この未来を具現化しようと様々な人材がより良い形を生み出すことに向けて一丸となって取り組むことができたことである。動画という形で可視化されたことで、その未来像の意味が世の中に可視化され、その意味を人々が解釈し、深掘りすることで新たな形が生まれた。

こうしたダイナミズムを組織にもたらす、という観点から、デザインの「構想し、形にする」という機能は、ある種、企業経営の基盤（インフラ）であるとすら言えるのではないだろうか。

未来像に触発されて生み出された形たちは、さらにその形に触発されて、新たに形を生み出す永続的な運動となっていくのだ。

経営にデザインを活用する5つのメリット

デザインが、一般的な商品やサービスの形態ではなく、経営において果たす機能を概観してきた。どの会社もアップルのようになる必要はない。しかし、自社らしい生活者と共有可能な未来像を能動的に創っていくことは、企業活動の主眼ではないだろうか。

ここでは、経営にデザインを活用することのメリットを整理し、企業経営にデザインを導入する意義を見出したい。

私たちは、次の5点がデザインを経営に活用するメリットだと考えている。

①全人的な生活者から共感・支持を得られる

デザインの思考の対象は、その企業が接することになるすべての生活者である。「生活者」とは、顧客、従業員、投資家、地域社会で暮らす人といった多様な側面があり、「1人の人間の全人格」として、企業との最適な関係性を構築する。自社の都合を押しつけない経営を志向することで、他者を意識した全体最適としての経営が可能となり、結果、生活者からの共感・支持を得ることができる。

②自社を捉える視野が広がり、競合動向に囚われなくなる

デザインは本質的に、その企業固有の価値を模索する方法論である。自社の絶対的な理想を追求することで、社会における固有の位置づけを再認識し、市場動向に左右されない視点を得ることができる。そして、その高みに登ることで、自社の将来を遠くまで見渡せるようになり、結果、今までと異なる風景として市場や競合動向を見ることができる。全体を広く捉えることで、競合とは異なる価値の創出に焦点を当てた経営を意識しやすくなるのだ。

③経営に、本当の意味でのリアリティが宿る

デザインは、最終的には何らかの形・表現物に落とし込まれることで、生活者の気持ちや感情を動かす力を持つ。1つの事業活動であっても、1人の生活者に嬉しい、楽しい気持ちを持ってもらうためにどういうアクションが必要か、というように結果から逆算して思考する。その思考過程で、通常の事業計画で提示される数字以上のリアリティが経営に生まれる。そして、結果的に売上や利益が上がるためには、生活者がお金を払いたいと思う気持ちを喚起することが必要で、そのためのアクションまで具体化されるのである。

④まだ世にない、新しい企業活動が生まれる

デザインは、まだ世の中にない活動や表現を構想するところから始まる。まだ世の中にないものを、ありありと眼の前に存在するかのように感じる想像力もデザインの機能である。生活者の気持ちや感情を動かすために必要な、まだ存在していない未来像を可視化することで、その未来像に触発された企業活動が生み出されてくる。

⑤未来像実現に向けた活動を各社員が創発する

未来像を言葉で表現することは、最低限必要である。ただし、言葉だけで規定された場合、各人の未来像の理解にブレが生じてしまいかねない。そこで、未来像を可視化する（＝形にする）ことで、大枠での未来像の方向性を社員と共有することができる。

また、未来像が具体的なディテールまで示されているわけではないため、各人がその形を見て、各人なりに解釈する余地がある。未来像のディテールに思いを馳せることで、各人の仕事において未来像の具現化が意識され、様々な活動を創発するダイナミズムが生まれる。

このようにデザインを経営に取り入れるメリットを整理した。いずれのメリットも、持続的に伸びつづける経営を目指すのであれば、重要なポイントであろう。

とくに、経営陣にとって、組織を運営する、ということは他人である社員に仕事をしてもらう、ということと同義である。自社が伸びつづけるために、生活者が支持する魅力的な未来像を提示し、社員がその未来像に共感し、自発的に未来像を具現化する活動を生み出し続ける組織を生むことは、まさに経営陣が担うべき役割と言える。この経営におけるデザインのメリットを意識したうえで、具体的に経営にデザインを活用するためのプロセスを紹介したい。

実践に向けたビジョン・プロトタイピングとアクション・プロトタイピング

経営にデザインを導入するメリットを理解したとしても、どうやって進めれば良いのか、という具体的な取り組み方は経営陣にとって悩みの種になるであろう。

そのプロセスを、デザインの2つの機能に沿って、未来像（＝ビジョン）を構想する「ビジョン・プロトタイピング」のフェーズと、ビジョン実現に必要な活動（＝アクション）を検討する「アクション・プロトタイピング」のフェーズに分けることが望ましい。さらに、ビジョン検討においては「経済性・文化性・社会性の最適解」を考えることで思考を強制的にストレッチすること、そのビジョンを可視化することの2つが、アクション検討においては、未来像に沿って、本業で実践可能な活動を立案することがポイントになると考えている。

重要なのは、ビジョンやアクションを検討する際、試作と検証を繰り返しながら完成形に近づけていく「プロトタイピング」という手法を用いることである。プロトタイピングにより、構想を少しずつ具体化しながら、精度を高めていくことが可能となる（図3－2参照）。

ここで、ビジョン・プロトタイピングとアクション・プロトタイピングのそれぞれについて、

図3-2｜経営にデザインを導入するための思考の往復

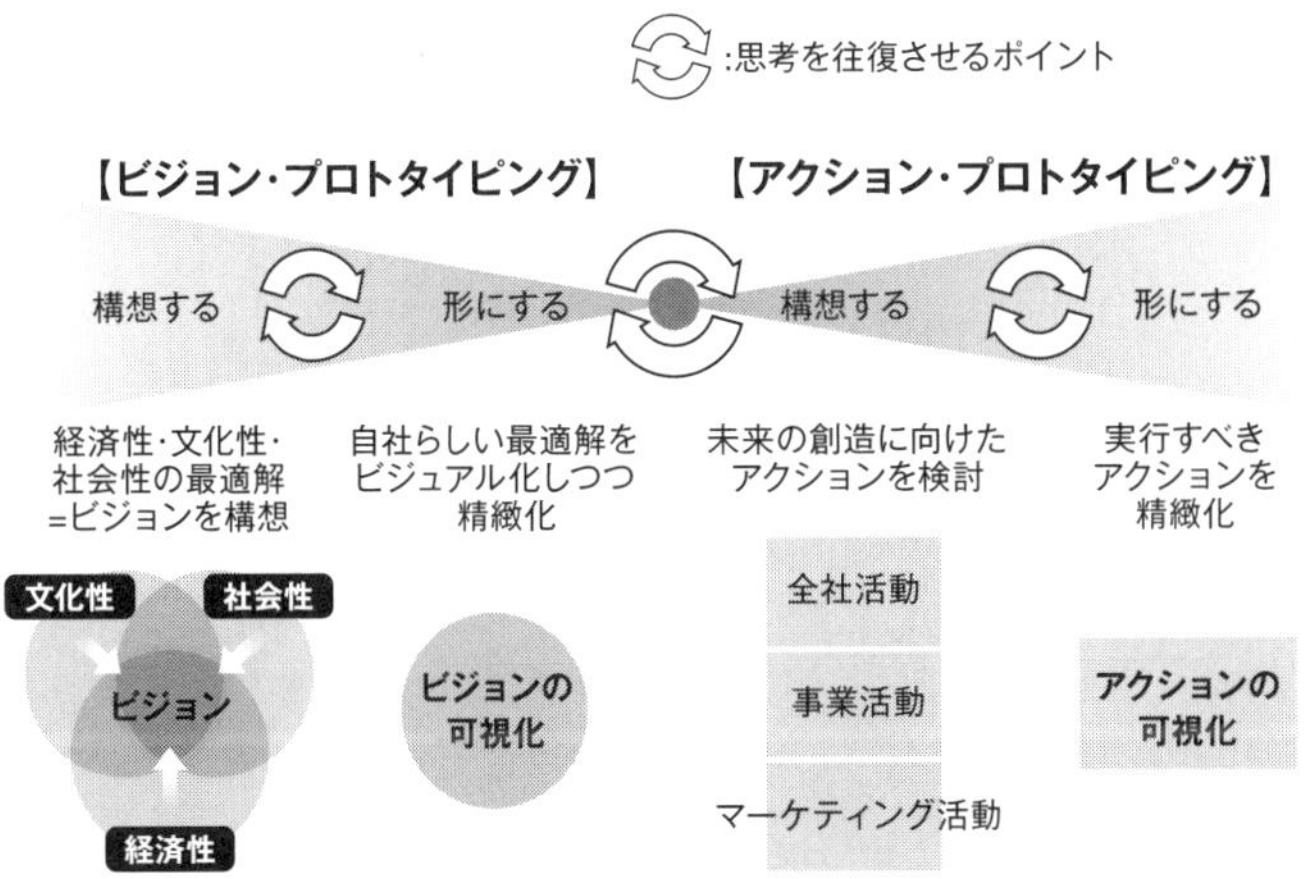

整理しよう。

――ビジョン・プロトタイピング

ビジョンの検討においては、「自社らしい経済性・文化性・社会性の最適解を追求する」という発想方法が思考のストレッチをもたらす。現在の市場、現在の生活者の課題、現状の自社の経営を超えた、より良い未来を発想するための、あえて自社らしい最適解を経済・文化・社会の視点で検討する。この発想方法が思考にストレッチをもたらし、まだ世にない独自性を創出することを助けてくれる。

また、最適解は、言葉にとどめず、皆が共有できるよう可視化することで、一度、自分たちで触れてみることが大切だ。自分たちの組織は生活者にどのような価値を提供し、どのような関係を結ぶのか。ビジョンのビジュアル化や映像化を図ることで、構想を形にしながら、その精度を高めていくことが可能となる。

――アクション・プロトタイピング

ビジョンは、中長期的に自社が社会とともに作り上げる理想像であり、その実現には様々な手段が考えられる。このビジョン実現に向けた具体的手段を考えるのが、アクション・プロトタイピングで行うことだ。

まず、一度発想を膨らませて、考えられるアクションを洗い出す必要がある。時間がかかるもの、お金がかかるもの、一度それらの制約を除き、自由に発想を広げる。その後、組織の持つヒト・モノ・カネなどの有限な資源と時間軸を考慮し、実現性があり、かつ最も効果的なアクションを絞り込む。効果的なアクションについては、一度、具体的イメージに表わし（可視化し）、皆で共有しながら、精緻化を行うことがポイントである。

ビジョン・プロトタイピングとアクション・プロトタイピング、これらを一連の作業として行うことが、経営にデザインの考え方を導入することである。

自社らしいビジョンを描けるか。ビジョンに向けたアクションを描けるか。そして、生活者や社員が共感し、一緒にビジョンに向けて走り出せるか。生活者からの共感・支持を得て、持続的な成長を実現しなければならないなか、経営者はより良い未来を描くデザイナーとなる必要があるのだ。

実際のプロジェクトによるデザインの実践

第4章～第6章では、経営にデザインを導入する方法論を、紀州梅効能研究会、深川製磁、東京都・港区においてプロジェクトとして実践した事例を「プロジェクト・ドキュメント」という形で紹介する。本来、長期的に取り組むべき内容ではあるが、今回はデザインを経営に導入することのリアリティを理解いただけるよう、短期間ではあるが挑戦した結果をドキュメントとしてまとめた。

各プロジェクトの概要は次の通りである。

第4章では、「紀州梅効能研究会」を取り上げる。紀州梅効能研究会とは、和歌山県みなべ町の梅干し製造業4社が共同で出資・設立した団体である。梅の効能を科学的に検証する研究で得た成果を事業展開することで、価格競争を回避し、社会性と文化性の視点で事業の方向性を広げた過程を紹介する。

第5章では、明治創業の佐賀県有田焼の陶磁器メーカーである「深川製磁」がその舞台だ。パリ万博へ出品するなどの実績を経て、宮内庁にも製品を納めている格式を有する。今回、新たに開発した技術に基づき、社会性へと事業活動の軸足を広げた過程を紹介する。

第6章では、「東京都・港区」が対象となる。「参画と協働」という行政姿勢に基づいて、区民が参加する新しい行政のありようを模索していた港区が、社会性だけでなく、経済性と文化性の視点で行政活動の軸足を広げた過程を紹介する。

なお、各プロジェクト・ドキュメントでは、大きく次の2つのアウトプットがある。

①ビジョンの言語化と可視化

各企業・組織ともに、既存のビジョンがありながらも、そのビジョンを社内外に共有するためのビジュアルにまでは落とし込まれていないことが多い。今回、とくに生活者の視点でその企業・組織のビジョンを見た際に、どのように解釈し、ビジュアル化することが共感を生むことにつながるのか、検討過程を紹介する。

図3-3 | プロジェクト・ドキュメントの流れ

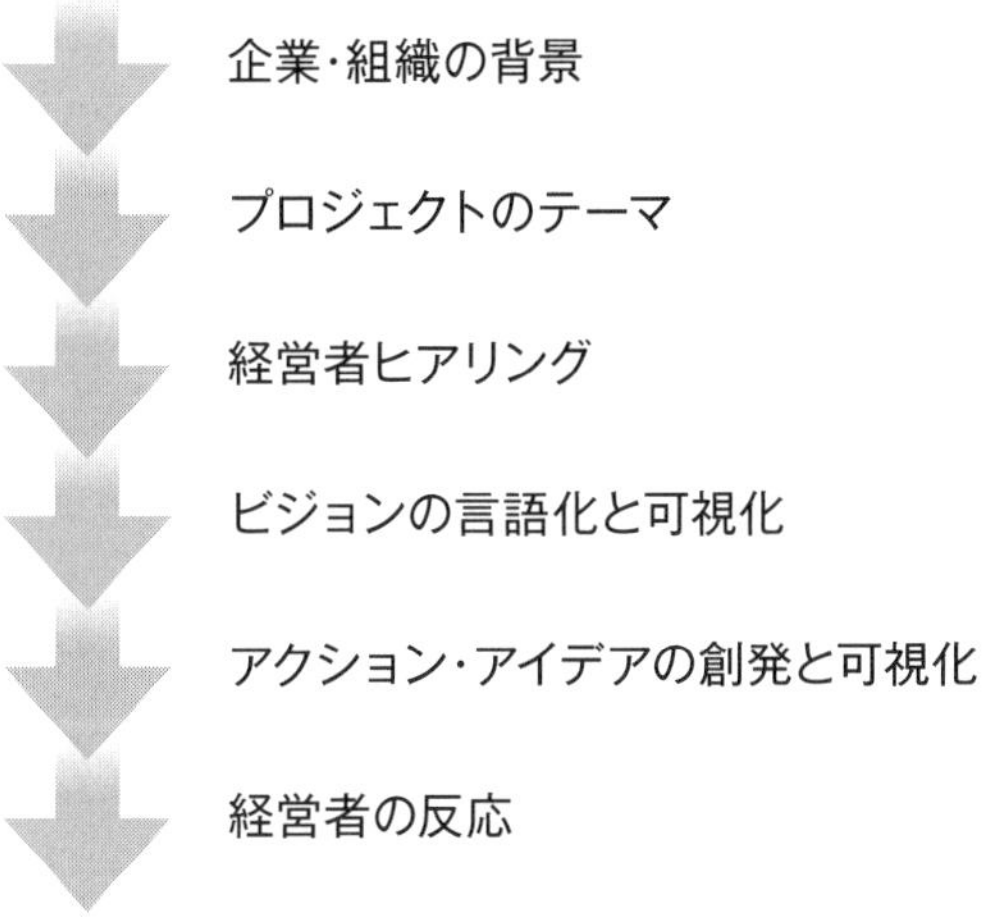

②アクション・アイデアの創発と可視化

一般的に、どのような企業・組織も、今後展開したい事業の想定があっても、具体的な事業の中身や、生活者・顧客に伝えるイメージまで検討することは難しい。今回、ビジョンに基づいて具体的なビジュアルにまで落とし込むことで、経営者にどのような反応があったのかも含めて紹介する。

プロジェクト事例を実際にご紹介できる、極めて稀な例なので、ドキュメンタリー形式でその生々しさを伝えていきたい。各プロジェクト・ドキュメントとも、大きくは、図3−3の流れに沿って紹介する。

これらのプロジェクト・ドキュメントが、経営におけるデザインの活かし方のより深い理解につながることを期待している。

第4章

プロジェクト・ドキュメント①
「UMEの智恵を暮らしに。」
紀州梅効能研究会

紀州梅効能研究会の発足

和歌山県みなべ町に、産学連携で梅の効能研究に取り組む「紀州梅効能研究会」という団体がある。

和歌山県の梅の収穫量は全国1位。全国の収穫量の約6割を占める。なかでも、そのトップブランドとして知られるのが「南高梅」だ。果実が大きく、果肉が厚くて柔らかい。みなべ町は、南高梅の発祥の地である。

紀州梅効能研究会は、十数年前、その中心人物となる宇都宮洋才《ひろとし》医学博士が、大学院修了後に和歌山県立医科大学に赴任してきたことがきっかけで始まった。

着任間もない宇都宮博士が、ある日の昼食に入った店のテーブルに、梅干しの小鉢が置かれていた。子どもの頃から梅干しは大嫌いだったが、「そういえば和歌山は梅干しの産地だ」と思い出し、1つ口に入れてみたところ、「こんなにおいしい梅干しがあるのか！」と驚き、思わずご飯を3杯おかわりしたという。

博士はその後、アメリカ留学を経て、ふたたび和歌山へ戻る。地域に関わる研究テーマを探

梅畑が広がる和歌山県みなべ町

出典：みなべ町HP

していくなかで、多様に語られる梅の効能の大半が「色々な効能があるらしい」という言い伝えの域を出ておらず、医学的な効能研究や検証がほとんど行われていないことに気づいた。

そして、博士は自らも研究者として、紀州和歌山の地で梅の効能の医学的解明に取り組み、人々の健康な暮らしと南高梅の未来に貢献していこうと決意する。

この頃、みなべ町に、梅干し業を営む1人の経営者がいた。「株式会社紀州ほそ川」を経営する細川清氏だ。血液サラサラ効果で梅エキスとそこに含まれる新規物質ムメフラールが有名になったことをきっかけに、細川氏はもっと梅の効用を知りたいという思いを抱き、みなべ町の同業者「株式会社トノハタ」の殿畑雅敏氏とともに研究体制構築の構想にとりかかっていた。

1999年夏、この両氏と宇都宮博士が出会い、その2年後には、博士を中心とする研究グループと両メンバーとで、産学連携の梅効能研究グループを結成する。これが今の紀州梅効能研究会へと続いている。

現在の紀州梅効能研究会は、初代会長「紀州ほそ川」の細川氏、二代目会長「トノハタ」の殿畑氏に加え、同じ志を持つ「岡畑農園」「丸惣」の4社が共同で運営している。博士の研究拠点である和歌山県立医科大学に「機能性医薬食品探索講座」を設置し、研究者と企業が一体となって、梅干しのさらなる可能性を明らかにするべく日夜研究に取り組んでいるのだ。

「トノハタ」はかつて、企業ブランド構築プロジェクトを実施し、コンサルティングのメンバーともご縁があった。

紀州梅効能研究会のビジョン策定、新素材のブランド構築がスタート

「いやぁ、儲かりませんわ」

5月も近づいた暖かなある日、私たちは東京・赤坂の会議室で殿畑社長を囲んでいた。梅業界の近況を尋ねると、社長はそう言って笑った。

梅業界はずいぶん長いこと苦境だと言う。

「梅干し市場のピークは、2002年でしたかねぇ。もう10年も前ですな。それから、ずっと市場が小さくなって、今ではピークと比べると、末端市場で7掛け程度まで落ち込んでますわ。完全に供給過多。しかも、買ってくれるのは50代以上の女性ばかり。若い人は全然食べてくれないんで、この先も暗いままですなぁ」

関西弁の軽快な口調とは裏腹に、その表情は決して明るくない。

コンサルタントの1人が、今回のプロジェクトの趣旨をあらためて説明する。

「私たちとしては、今回のプロジェクトのアウトプットが、紀州梅効能研究会の各企業のお客様や取引先、社員を牽引していくような内容にしたいと考えているのです。殿畑社長がおっしゃる『梅業界をなんとかしたい』という想いを、生活者と共有可能なビジョンとして規定し、ビジュアルとして可視化も行ったうえで、本業の中でビジョンを実現していく事業アイデアを提案させていただきたいと思っています」

殿畑社長は頷きながらも、懸念を口にした。

「発表するとなると、ウチの考えを競合他社にも教えるっちゅうことでしょう。結構シビアな業界なんで、パクられることも考えなあかんですよね」

社長は天井を見上げ、「うーん」と一唸りする。

「でも、たしかに、絵にしたらパートのおばちゃんにも伝わる、というのはエエかもしれませんなあ。経営理念とかなんぼ言葉で説明しても伝わらんことはあるけど、考えを絵にできたら、100％伝わる気がする。ぱっと見ればわかるし」

自分なりに考えていることはある、と殿畑社長は言葉を続ける。

「今、梅干し業界はコモディティ化が進んでいると思うんですね。大手流通チェーンが資本力を活かして、プライベートブランドを展開することで、業界に低価格化の圧力が働いている。流通はプライベートブランドと比較して価格交渉してくるから、ウチも値段を下げざるを得ない。そうなると売れば売るほど赤字になるという状況なんですわ。

今の梅干しは『安ければ買う商品』になってしまっている。でも、本当は『欲しいと思ってもらえる商品』にならないと、いつまでもブランドにならないと思うんですよね。小林製薬さんの『〝あったらいいな〟をカタチにする』ってええですよね。僕らもその考えで、生活者の暮らしを少しでも良く変えることができる商品を作りたいと思っているんですよ」

私たちは思わず身を乗り出す。

「まさに、その『暮らしを良く変える』というお考えを、このプロジェクトで具現化させていただきたいと思っています。ただ、考えているだけでは、何も始まりません。想いを形にして社内外に伝わるようにしなければいけないし、事業という形にしなければいけない」

社長は答えた。

「おっしゃる通り。私たちは、まさにそういう理由から、梅の効能研究をやっています。梅は『1日1粒で健康』って言われますけど、『そんな効果がある気がする』という程度で、本当に医学的にそう言えるのか、今まで誰も研究してこなかった。それで同業者たちと、紀州梅効能研究会という共同のブランドを作ったんです。梅が健康に良い理由がちゃんとわかったら、健康で長生きしたい人たちが梅を食べる機会が増えて、結果として、より多くの人に健康になってもらえる。生活者の暮らしが良くなっていく」

私たちは、「なるほど」と頷いた。殿畑社長はこう続ける。

「それと、梅の良さを広めることは、日本の食文化を広げることにもつながると思っているんですわ。梅がある未来の暮らしのイメージ、見てみたいですね。暮らしがどう変わるかによって、どんな商品が求められるかもわかりますしね」

「社長、ぜひやりましょう。何か対象にしたい具体的な商品やテーマはありますか?」

「最近、研究の成果として、梅の中に含まれているすごく健康にいい素材を発見したんですよ。ちょうどこの秋から、この素材を軸にした新商品を出そうとしているところです。『Intel Inside』のように、その素材が入ってますよ、というブランドを作っていきたいと思っている」

「とても興味深いです」

「もちろん企業秘密ではありますが、まずはその素材自体が知れ渡らないことには商売にならないし、このブランドのビジョンを考えることは大いに意義があると思う。和歌山に戻って皆で相談して、あらためて連絡しますよ」

殿畑社長の帰り際の表情は、少し晴れやかになっていたようにも見えた。

数日後、チームメンバーに電話が掛かってきた。殿畑社長だ。

「他の3人の社長に話したら、『ぜひやりたい！』と。次は一気に4社の代表そろって、皆さんに想いを聞いてもらいに行きますわ」

こうして、紀州梅効能研究会のビジョン作りと新素材のブランド作りをテーマに、私たちのプロジェクトが動き出した。

事前ヒアリングと議論で見えたビジョンのキーワード

関東地方が、紀州から2週間ほど遅れて梅雨入りした頃、4社の代表が私たちのオフィスを訪れた。ビジョン検討の論点を発掘するための対面ヒアリングが目的だ。

時間を有効活用するべく、事前にヒアリング項目を列挙したシートを送付しておいた。その内容は次の8項目だ。

次の1〜8についてお答えください

1. 設立の想い

紀州梅効能研究会が設立において掲げた志をお教え下さい。また、紀州梅効能研究会の文化的な意義や社会との関わりなどで意識している点があればお教え下さい。

2. 今後の成長イメージ

紀州梅効能研究会は、今後どのように成長していきたいですか？　10年後に新聞に掲載されると想定した場合、その見出しの文章とその理由をお聞かせ下さい。（人々への暮らし／社会にどのようなインパクトを与えているか？　という視点でお考え下さい。）

3. 意識している会社／競合企業

意識している会社（他産業含む）または、市場で意識している競合企業はありますか？　その企業名と意識している理由・特徴を教えてください。

4. 紀州梅効能研究会らしさ

紀州梅効能研究会を人物で表すとどのような人でしょうか？　その人の性格や行動と、そのように考えた理由を教えてください。また、イメージの近い実際の人物が居ましたらその人物像もお教え下さい。

5. 南高梅へのこだわり

様々な食材や梅がある世の中において、紀州梅・南高梅は必要だという想い・こだわりをお教え下さい。

6. 梅の効能・新素材の背景・想い

梅の効能、また特に新素材が世の中に必要だと思われた背景・想いをお教え下さい。

7. 梅の効能・新素材の普及イメージ

梅の効能・新素材が普及した将来、特にどのような人が、どこでどのように使っているでしょうか？　なぜ他の安い梅製品を買わないのでしょうか？　イメージをお聞かせ下さい。

8. 梅の効能・新素材の提供価値イメージ

新素材を含有した商品を食べた人が感謝の手紙を送ってきました。その手紙にはどのような感謝の言葉があるでしょうか？　一言でその感謝の言葉を表現して下さい。

紀州梅効能研究会のビジョンを作り、梅の新素材ブランドの構築へと落とし込むことを見据え、とくに「設立から発展までの会社の志」「生活者との関わり方」や「社会にどう見られたいか」を引き出せるよう、設問の文言に工夫をしている。

さらに、組織全体が発展していく過程を、自社がどうありたいか、どう社会と関わっていきたいか、という企業意思を時系列で把握できる構成にした。同時に、具体的な梅の新素材ブランドというアクションについても、全体の意思の中でどのように位置づけられるのかを把握することも意図している。

やはり、日常の中では、あらためて考えることの少ないビジョンや未来の活動を意識できるよう、自分たちの過去を振り返るところから引き出すのが良いのだろう。

赤坂の会議室の長机の片側に、紀州から来た4人が並ぶ。もう片側には私たち、プロジェクトメンバーだ。

真ん中に殿畑社長が座り、その右側には、「株式会社紀州ほそ川」の細川清社長（当時）。創業は昭和3年で、戦前から紀州梅の栽培・天日干しを開始し、今日に至るまで伝統的な方法で紀州の梅干しを1粒1粒丹念に作り続けてきた。

殿畑社長の左には、「株式会社丸惣」の芝邦浩社長と、「株式会社岡畑農園」の岡畑精一社長が並ぶ。創業50周年の丸惣は、早くから南高梅の有機栽培に取り組んでいて、和歌山県ではじめて有機栽培の認証を受けた企業だ。岡畑農園は、厳選された紀州産A級品のみを扱っている。「安全・安心」にこだわって徹底した品質管理と衛生管理を実践しており、通信販売などを通じて全国にファンも多い。

4人がそれぞれの思いをヒアリングシートに書き込んできてくれている。私たちはその内容を、じっくりと聞き込んでいった。すると、ビジョン検討の論点となる発言やキーワードがいくつもあがってきた。

4人から語られた話の要旨は次のようなものだ。

梅の伝統を科学的に解明することが使命

「これまで、『梅のクエン酸効果で疲労回復できる』とか、『熱中症対策に良い』『血液サラサラ効果』などと発表されるたびに、瞬間的に梅を食べさせる動機づけはできた。実際に梅を食べて元気になる人は多いが、何がどう効いて元気になったのか、裏づけのデータがない。梅は日本の健康食文化の最たるものとも言えるのに、その研究が存在しないのはおかしい。私たちが梅の機能性を科学的に研究して、日本の梅伝統の正しさを明らかにしたい」

日本の食文化の原点としての梅を再興したい

「梅の機能性を明確にすることと同時に、日本の食文化を世界に広めたい。機能だけではなく、食文化として伝える意味合いは、味のおいしさにある。言葉にもなっている通り、「塩梅《あんばい》」は味の原点。おいしいからこそ人々に伝わっていき、未来まで残っていく。

また、食育も重要な視点。幼少期に味噌汁・ご飯・梅干しを食べた記憶があるかどうかで、梅を食べる生活になるかどうかが決まる。茶粥と梅干しの組み合わせを食べなくなると、日本食の文化が断絶されてしまう。ご飯と梅干しという食文化の原点に立ち戻りつつ、機能性を付与していきたい」

50代以上の主婦層が今のメイン顧客。若年層の開拓が必要

「紀州梅の特徴はその甘さ。甘さは旨さでもある。『はちみつ梅』はお茶うけとして、50歳以上の主婦層に人気がある。ただ、将来を考えると30～40代の母親と小学生の子どもにも梅干しを食べてほしい。お母さんが、子どもに健康であってほしいのは当然。そうした願いに対して梅干しが有効であることを伝えたい。梅酢でうがいをすると、学級閉鎖が少ないことは和歌山県の地元では知られている」

「梅干し屋」から「食卓を通じて元気を提供する仕事」に進化する

「たかが梅干しだが、日本の食文化の1500年の歴史に根づいており、奥深さがある。これまでは科学的根拠がなかったが、その裏づけを作ることで、梅産業に関わる人がプライドを持てるようにしたい。

梅産業は和歌山県内では評価が高いが、他の地域に行くと評価が低い仕事に見られる。日本人の毎日の食卓で元気を提供する仕事だと捉えられることで、見え方が変わるのではないか。とても大きな目的であるからこそ、研究会としてのビジョンが必要。オーナー会社が集まって

智恵を集めて新しいことに取り組むという点で、新しい地場産業のあり方を示していると思う」

そして、初回のミーティングで殿畑社長が話した、最近発見されたという新しい素材についても詳しく聞くことができた。その名は**「梅リグナン」**。

伝統の梅健康効果を証明する健康物質「梅リグナン」の発見

「研究を通じて、梅には『梅リグナン』という健康成分が含まれることを発見した。梅リグナンのパワーは私たちも驚くほどすごい。

たとえば、胃がん予防。梅リグナンに含まれる有効成分シリンガレシノールは、胃に障害を及ぼすヘリコバクターピロリ菌の運動能力を阻害・抑制する効果を持つ。新型インフルエンザにも効果がある。梅リグナンの成分エポキシシリオニレシノールがインフルエンザウィルスの増殖を抑制することがわかった。1日に梅干しを5粒食べれば、ウィルスの抑制を期待できる。

梅自体には、血糖値や血圧の上昇を抑える力もあり、糖尿病予防や動脈硬化の予防や改善にも有効であることも検証できている。一般的な健康効果は可食部20グラム程度あれば大丈夫なので、1日に大粒1粒食べることで健康になる。昔からの言い伝えが科学的に検証された、と言える状況まで辿りついた」

研究会は、この梅リグナンをブランドとして世の中に広め、ゆくゆくは自分たちの産業の核としていくことまで考えているという。

「梅リグナンで日々健康になりたい」という人を増やしていく

「梅リグナンはまだ知られていないので、世の中に告知していきたい。素材ブランドとして、第一段階では、参画している4社の主力商材に梅リグナンのロゴを付与していきたい。各社の強みを活かした商品を、各社のルートで販売する想定。将来的には『梅リグナン』という商品棚が小売店で形成されることを目標にしたい。オリジナル食品を開発した際には、直販していくことも視野に入れている。

梅リグナンの含有量の測定に関する特許を申請中だ。梅リグナンの含有量を測定できるのは紀州梅効能研究会だけ。将来的には測定機関になることもできる。梅リグナンが含まれている商品かどうかが、生活者の商品選別基準になるようにしたい」

研究会へのヒアリングは、たっぷり2時間以上掛かった。私たちは、4人が口々に語る熱い想いに耳を傾け、時にその言葉の意味を確かめながら、メモを取っていった。

気づくと窓からは夕日が射していた。4人は今日のうちに和歌山に戻るという。殿畑社長は帰り支度をしながら言った。

「これから今の内容をまとめて、昇華してもらうにあたって、ウチらの自慢の商品を食べてもらわないと、今話した想いも皆さんの心に届かんかもしれん。一押し商品を送るので、ちょっと待っててもらえますか」

「楽しみにしてます！」と私たちは満面の笑みで答えた。


翌々日、私たちのもとに小包が届いた。差出人は紀州梅効能研究会だ。中を開くと、4社それぞれの梅製品が入っている。さっそく試食会だ。

「おー、おいしい！」

普段何気なく口にしていた梅干しとは、たしかに味が違う。1社1社の個性も感じる。あらためて食べてみると、そのおいしさ、香り、柔らかさなどがわかる。

何ごとか、と周囲のスタッフたちも集まってきた。「梅はすっぱくて嫌い。もう数十年食べてない」と突っぱねる女性スタッフも、そこまで言うなら、と一口食べ、驚きの表情を見せる。

「おいしい！　ご飯3杯食べられるかも！」と、彼女はまるで宇都宮博士のような感想を口にしていた。

3つのコツを活かして進めるブレインストーミング

数日後、会議室に、メンバーが再集合した。今日の目的は、梅と梅干しの生活者にとっての価値について、経済性、文化性、社会性のバリュー・トリニティの視点から考えを出し尽くしてみることだ。

通常のプロジェクト業務であれば、顧客に買ってもらうには？　競合と差別化するには？　自社が効率的に利益を出すには？　といった経済性の視点で生活者にとっての価値を抽出する。しかし、3つの視点で考えることで、経済の視点だけにとどまらず、生活者に共感してもらえる価値を導き出せる。価格競争が激しくなっている梅干しの市場環境において、生活者にもう一度その価値を認めてもらうには、文化性や社会性といった経済とは異なる観点を加えて、広く生活者の認識を洗い出すことが有効だ。

コンサルタントの1人が進行役を務める。

「難しく考えるより、まずは自分たちの生活者としての感覚を大切にして、生活者になりきって考えるところからスタートしよう」

大きなホワイトボードに縦2本横1本のラインを引き、6つのゾーンに分割する。横軸は、経済性、文化性、社会性の3つの視点、縦軸は、梅と梅干しに対する生活者のポジティブな意識とネガティブな意識を列挙した。思いついたことを、どんどん付箋で貼り付けていく。私たちのいつもの手法だ。

こうした意見を出す会議の方法は、ブレインストーミング（ブレスト）と言われる。

議論の進め方のコツは3つある。

1つ目は、通常業務の枠から離れ、生活者の視野を持つことだ。専門家や業界内のメーカー視点ではなく、1人の生活者になりきって、普段の生活で感じることを素直に発言してみる。2つ目として、過去や現在に捉われすぎず、これからの暮らしにとって重要そうだと思うことも発言することも大切である。1人でも大事なことだと感じるのであれば、その理由がある。単なる一意見だと切り捨てず、ある事柄が重要だと感じた理由を共有していくのだ。3つ目に、こうした議論の進め方なので、当然ながら、いきなりの批判は厳禁だ。他人の意見を「傾聴」し、そこからの「気づき」を大切にすることで議論が活性化する。

こうした作法を踏まえながら、まずは日頃、自分が梅干しと接するシーンを思い出しながら議論を進める。

「梅干しの経済的なイメージって何かな？　スーパーとかで買うときに何を感じるだろう？」

「まず僕から。スーパーやコンビニには、梅干しの棚があって、買おうと思えばすぐ買えるというのは経済的に魅力ですよね」

「そう。しかも日持ちして長期保存できる。使い勝手がいい食材」

「でも、梅干しって結構値が張りますよね？　日常的に手軽に買える価格帯とは言えない気がする。高いものは３０００円ぐらいする」

「社会的価値は？」

「やっぱり体に良いことが一番でしょう。１日１粒で病気知らずとか、疲れが取れるとか、いくらでも思いつきます」

「それを紀州梅効能研究会が医学的に証明している。今回のプロジェクトで、最大のポイントになってくるのはたしかですよね」

「逆に、健康に対するネガティブイメージもあると思う。しょっぱいし、高血圧になりそう。時代は減塩なのに」

「梅が健康にいいとしても、梅以外の健康食品やサプリメントがこれだけあって、生活者が梅を選ぶ必然性がない。青汁とか、ごまとか、コエンザイムQ10とか、プラセンタとか、色々と注目されているけど、いまさら梅には期待を持っていないと思う」

「でも、梅は、食文化のイメージもありますよね」

「白いごはんと一緒に食べるイメージを日本人のほとんどが持っている」

「日の丸弁当！」

「古くからの日本の食文化そのもの、という感じがしますよね」

「最近は朝食、夕食だけじゃなく、お茶うけとしても食べられているそうで、食べるシーンは増えているようです。はちみつ梅というおやつが売れ筋だとか」

「そうは言っても、今の食卓や食シーンの変化には対応しきれてないんじゃないか。どうしても古臭いイメージが抜け切れない」

「年配の人は食べてるけど、若い人は食べてないんじゃないかな。自分も食べてないし」


こうやって生活者が梅や梅干しに対して感じている意識を多面的に洗い出していくと、梅と梅干しには多くのポジティブなイメージがあると同時に、それらを覆い隠してしまうようなネガティブなイメージも存在していることを、あらためて認識できる。

梅は、生活者の食シーンの変化や新たな競合商材の登場に対し、多くの打ち手を持てず、残念ながら埋もれつつあるのだ。


付箋で埋まったホワイトボードを眺めながら、メンバーの1人が言った。

「このプロジェクト、日本が育んできた財産を、もう一度日本人に気づかせるという役割もありそうですね」

ヒアリングの場でも、何度も「日本」という言葉が出てきていた。梅には、日の丸弁当や梅干しおにぎりなど、日本という国や食文化を象徴するイメージがある。

和食がユネスコの無形文化遺産に登録されたニュースは記憶に新しい。日本人の暮らしに根づいた、私たちが世界に誇る文化である。その真ん中に存在している梅を、単なる象徴にとどめず、現代で証明された医学的効用とともに訴求しなおしていくことは、日本の食文化の正しさをあらためて証明することにもつながるかもしれない。

日頃から海外を飛び回っているメンバーは、こんな話を披露した。彼は出国前の成田空港で、必ず梅キャンディ、梅グミ、梅こんぶのいずれかを買うという。

「普段、特別に梅が好きというわけではないけど、おそらく無意識に、慣れない地で自分の味覚をリセットしたり、安心したりするために梅の味わいを求めている気がします」

単なる親近感や、健康にいい、殺菌作用があるという合理性だけで、これほど長い間食べ続けられてきたわけはない。その「味わい」も、日本人と梅との、切っても切れない絆だと言える。

食の選択肢が多様化し、梅干しの存在感が希薄になっていくなかで、かつての日本人なら誰でも知っていた梅に関する知識や味覚が、日本人の生活から失われつつある。このことが一番の課題なのではないか。

進行役がホワイトボードの上部に、ディスカッションのまとめとして変革すべき生活者の意識を記した（次ページ図4－1参照）。

図4-1 紀州梅研究会が解決すべき生活者意識の課題

	ポジティブなイメージ	ネガティブなイメージ
経済性	○スーパー/コンビニに、梅関連製品の棚があり、買いやすい ○保存でき、日持ちする	×梅干しは意外と高価格
文化性	○ごはんと一緒に食べるイメージ ○日本の食文化を体現する伝統的なイメージ ○近年はお茶うけとしての食べ方が増加（シーンが豊富に）	×古臭いイメージ ×若い人が食べていない
社会性	○1日1粒で病気知らず、という言い伝えのイメージ（疲れが取れるなど）	×しょっぱい味覚から高血圧になりやすいイメージ ×梅以外の健康食品が増加。梅である必要性が低下
解決すべき生活者意識	日本人の食文化の多様化や、梅干しにまつわるネガティブなイメージなどを背景に、日本に根づいていた梅に関する智恵（健康効果やおいしさ）が生活から失われている	

「日本人の食文化の多様化や、梅干しにまつわるネガティブなイメージを背景に、日本に根づいていた梅に関する智恵（健康効果やおいしさ）が生活から失われている」

なお、解決すべき生活者意識を取りまとめる際には、バリュー・トリニティの3つの交点にあるか確認することが望ましい。

ただし、3つの観点から均等に課題を洗い出すというよりは、生活者が気づいていない視点に力点を置くことで、新たな価値提案につなげることが可能となる。

「UMEの智恵を暮らしに。」

生活者が感じている梅・梅干しに対するネガティブイメージを払拭し、日々の暮らしの中で梅・梅干しの存在感を高めていくために、紀州梅効能研究会は何をすべきだろうか。

経済性、文化性、社会性のバリュー・トリニティのフレームワークは、生活者意識の課題の洗い出しにも、自社の企業価値を整理してビジョンを導き出すことにも使える。商品・サービスの単位でも、それを提供する企業という単位でも活用できる、汎用性の高い手法だ。

梅に対する生活者意識を洗い出したときと同じ方法で、紀州梅効能研究会の経営資源や役割を洗い出してみる。

解決すべき生活者意識に対して、自社と生活者の新たな関係を構築する事業の方向性を検討する。この際、研究会メンバーへのヒアリング結果などに基づき、未来への展望をイメージしながら検討することが重要だ。そして、各視点での事業の方向性が相互に背反しないことを意識しながら、全体の構想を調整していくのである。

経済的視点からは、その産学連携の取り組みが、今後の地域企業発展のプロトタイプとなり得る可能性を感じさせる。そして、梅リグナン含有量測定に関する特許を申請していることも、既存商品の商品力向上だけでなく、新商品開発、さらには梅製品の梅リグナン含有量計測サービスなど、幅広いビジネスの可能性を期待させる。

その延長線上には、古くからの小さな梅干し屋から、地域企業が連合した梅健康産業へと成長する未来もイメージできるはずだ。

文化的視点からは、日本の食文化の中に梅の居場所をもう一度築いていくことが役割となるだろう。研究会参加企業は、これまでにも新食感の梅菓子や、凍らせて食べるアイス梅、また、梅干し以外の食べ方として干し梅や梅酒など、梅を様々な形で提供する技術と柔軟な思考を活かした商品を開発してきた。この力を活かすことで、伝統的な梅の価値を大切にしながら、今の時代に合わせた新たな味わいや食べ方を提案していくことができるだろう。

そして、社会的な視点は、梅リグナンの効能を発見した研究会の取り組みそのものにある。梅の効能を医学的に証明し、正しく伝えていくことで、これまでの「なんとなく健康にいい」を超えて、老若男女問わず幅広い人が、健やかに生活することに貢献していける可能性がある。

こうして、紀州梅効能研究会が自分たちで創造する未来の方向性が見えてきた。

研究会はこれから、「梅の智恵を未来につなぎ、家族に健康を届ける、梅健康企業連合」を目指していく。

胃がん、糖尿病、インフルエンザ。梅は多くの人が罹《かか》る可能性がある病気に予防効果を発揮

図4-2 | ビジョン・ワードは「UMEの智恵を暮らしに。」

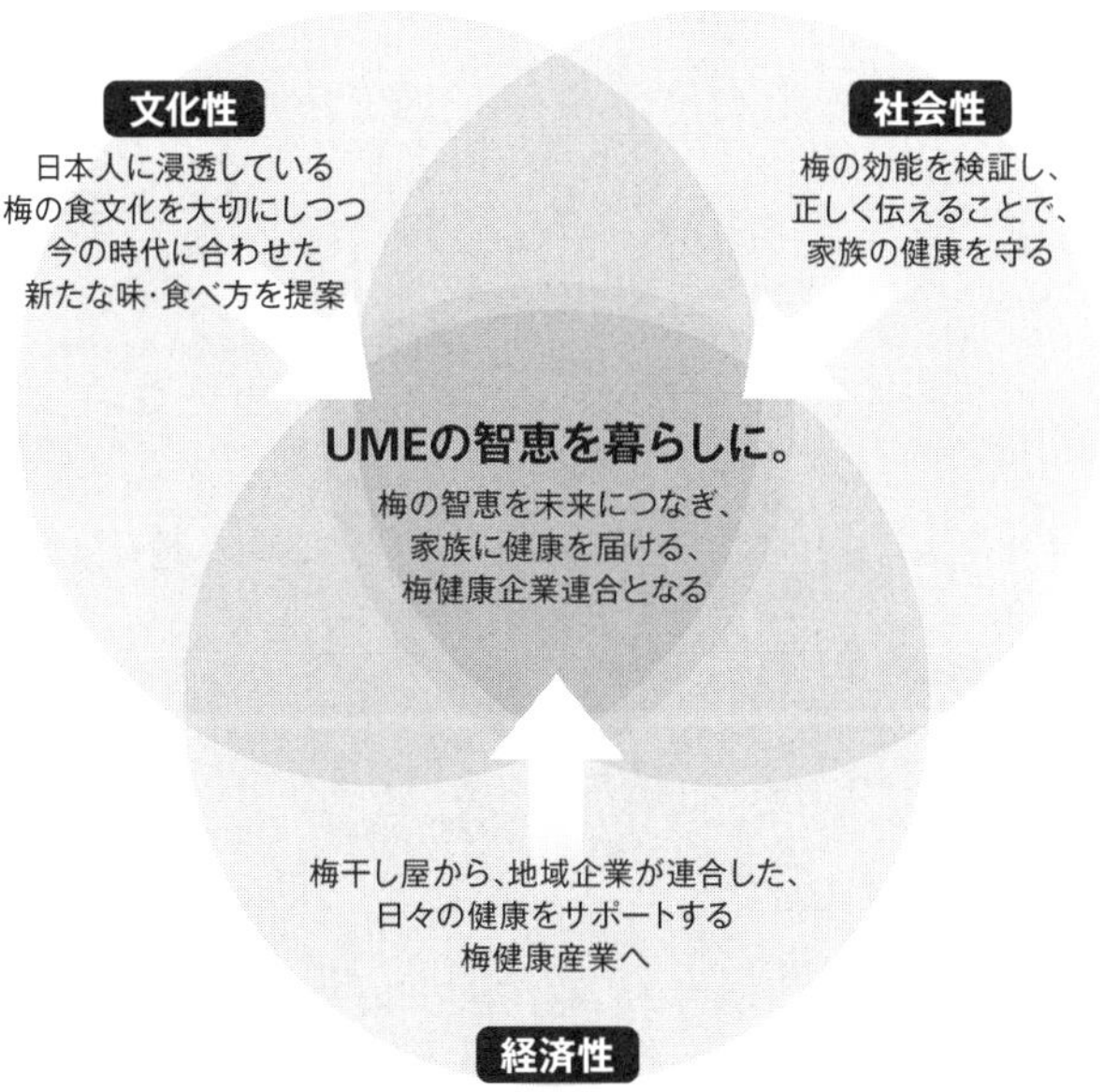
文化性
日本人に浸透している
梅の食文化を大切にしつつ
今の時代に合わせた
新たな味・食べ方を提案
社会性
梅の効能を検証し、
正しく伝えることで、
家族の健康を守る
UMEの智恵を暮らしに。
梅の智恵を未来につなぎ、
家族に健康を届ける、
梅健康企業連合となる
梅干し屋から、地域企業が連合した、
日々の健康をサポートする
梅健康産業へ
経済性

する。この智恵を、その時代にあった新たな味、新たな食べ方で提供し、家族に健康を届けること、そして地域産業を活性化することが、紀州梅効能研究会とそこに参加する企業連合の使命なのだ。

もちろん、この時点で、企業としてはすべてのことが実現可能なわけではない。しかし、自分たちが創造すべき未来の方向性、可能性が見えてきている。

私たちは、紀州梅効能研究会のビジョン・ワードを、一言にまとめた（図4－2参照）。

「UMEの智恵を暮らしに。」

なお、ビジョン・ワードを構想する際には、重要となるキーワードを想定することが最初の一歩となる。

この場合、当然ながら「梅」という産業を表す単語と、梅リグナンの普及に込められた日本の梅文化を「智恵」という単語に込めている。また、これからの梅の食シーンを広げるという狙いからも、「食卓」ではなく、「暮らし」全体を対象とすることをこの言葉で表明している。また、「UME」とは、梅の読み替えである。梅の伝統的なイメージを引き継ぎながらも、新たな時代に向けてより拡張させていきたい、さらには、日本だけでなく海外でもUMEを暮らしに取り入れてもらいたい、という研究会の思いを反映させている。そして、あくまでも日々の「暮らし」で食べてもらえることを目指すということ、医薬品を通じて健康を支援するのではなく、あくまでも日常的に食べられる梅を通じて元気を提供することを示しているのだ。

私たちはビジョン・ワードを紀州梅効能研究会に投げかける前に、ビジョンを言葉だけでなく、ビジュアルとして表現することにも取り組んだ。

経営の現場では数字と言語が主要なコミュニケーションツールになるが、ビジュアルの助けがあることで、社内外の人々がその狙いをより理解できるようになる。さらに、ビジョンを軸として、新たな商品の開発や販売活動など事業活動を創発していくキッカケとすることができるのである。

ビジョンをビジュアルとして可視化するには、企業側だけでも生活者側だけでもなく、その双方の接点にどのようなシーンがあり得るかを想像することがポイントとなる。

まだ実現していない未来なので、技術的にできる・できない、資金的にできる・できないなどと考え出すと、発想が止まってしまう。あくまでも、中長期の長いスパンで見たときに、人々の生活がどのように変わっているかを前向きに想像することが肝要だ。

紀州梅効能研究会が実現する未来の暮らしを想像し、その姿を現実世界で可視化してみた。

「未来でも、朝食や夕食の食卓に梅干しはありますよね。日本の食文化として、なくなってほしくない」

「インフルエンザの予防効果を知って、小さなお子さんがいるお母さんの評価が高まっているかもしれない。子どもでも食べられる梅製品ができているといいですよね」

「梅の疲労回復効果が常識になって、オフィスワーカーがさっと食べられるバータイプの梅製品ができているかもしれない。自分のためにも欲しい」

「ご飯だけじゃなく、間食シーンにも広がっていそうですね」

「お酒もあるかも。梅リグナンって梅酒にも含まれているらしいですから」

可視化された紀州梅効能研究会のビジョン

UMEの智恵を暮らしに。

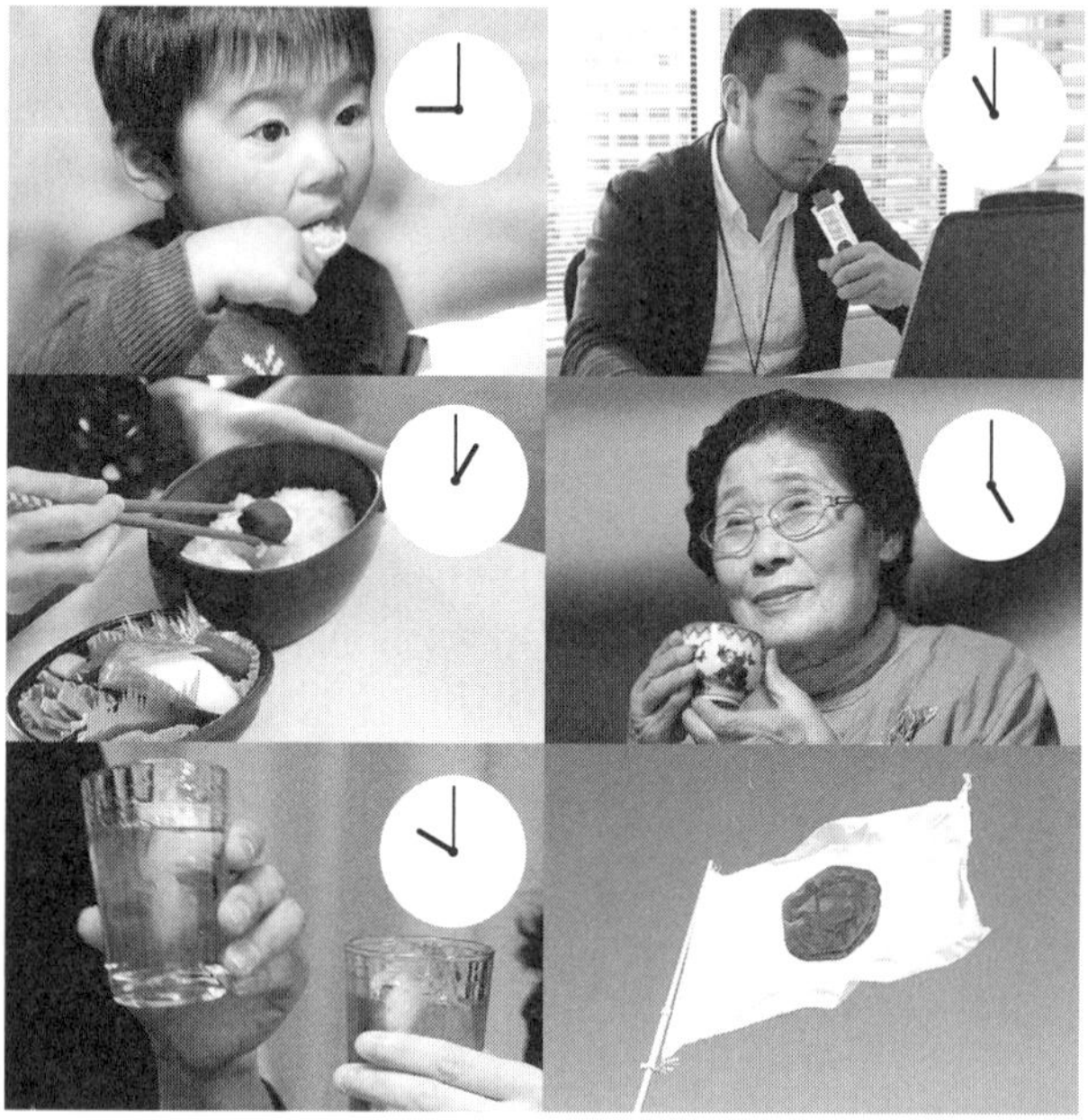

アイデア出しの内容をデザイナーが持ち帰り、右の写真のように1枚のボードに未来をまとめた。

日本に古くから根づき、食文化の象徴である梅干しは、これからの時代においては「UME」として、24時間、朝から夜まで、様々な食シーンで生活者とふれあい、皆の健康を守り・促進していく、という姿を描いている。

その力が実証された「UME」は、梅干しという形状だけではなく、その時代の食シーンに合った多様な形で、広く生活に溶け込んでゆくのだ。

梅リグナンを顕在化させるロゴの開発

生活者が日々の暮らしにUMEを取り入れて元気になる。

実際にそんな暮らしの変化を起こすためには、具体的にどんなアクションが必要だろうか。

直近の1年後の未来としては、梅リグナンの認知が広がっていてほしい。梅には梅リグナンが含まれていること、それにはどんな効能があるかを、生活者にわかりやすく可視化するなどして、梅をあらためて食卓で食べてもらうための動機づけが必要だ。

生活者に情報を届けるための一番のメディアは、商品そのものである。紀州梅の中心メーカーといえども、けっして潤沢な資本力があるわけではない。広告に頼るのではなく、店頭での商品パッケージを手にとったときに、いかに情報を伝えられるかがカギとなる。

デザイナーの1人からすぐに手が挙がる。

「既存商品にも貼り付けられる、梅リグナンロゴを開発しましょう！」

そして、ロゴが貼られた商品の流通開始と並行して、「梅リグナンが体に良い」という知識を広めるPR活動をスタートしていくことになった。

梅リグナンの効能をPRするための素材は数多く存在する。今回、私たちが教わった話のほとんどにも、そのポテンシャルがありそうだ。

なかでも、全員が本当に驚かされた2つの話がある。

「和歌山県の小学校は、全国でも風邪を引く生徒が少ない」

「県内で、みなべ町の医療費が一番少ない」

これらの話は、冬の風邪やインフルエンザの時期にテレビ番組やニュースで報じられたこともある。

このPRの流れをもっと大きくしていく。梅業界や、梅リグナンロゴ商品を取り扱う小売業者から情報を発信し、生活者に少しずつ梅リグナンの情報を浸透させていくのだ。1年後には、梅の健康効果と梅リグナンへの認知・理解が、大きく広がっている状況を目指したい。

実際に開発されたロゴデザイン

梅リグナン
500
ug/100g

情報伝達のカギとなっていくのは、母親層だと考えられる。母親たちが梅の効果に納得し、実際の購買行動につながっていくようなデザインを意図しながら、梅リグナンのロゴの開発を行っていった。

何通りものデザイン検証を経て、最終的にでき上がったのが上記のロゴだ。

様々な候補案があったなかで、このロゴは、ビジョンの狙いとの合致度、梅リグナンという新たな言葉を認識させつつその含有量を伝えるという機能性、また様々なサイズの商品パッケージでも理解できる視認性・展開の容易さという、3つの基準から最終案として選定された。

赤丸と白丸の組み合わせ。赤い丸は、日の丸のようでもあり、梅干しにも捉えられるように設計している。赤は梅干しの色であると同時に、活力を感じさせる色だ。多くの日本人の無意識に刷り込まれている「梅は体にいいらしい」という知覚にアピールすることも狙っている。

しかし、このロゴの最大のポイントは、梅イメージの踏襲とは別のところにある。それは、「梅リグナンが含有されています」というだけでなく、梅リグナンの「含有量」をしっかりと表示していることだ。紀州梅効能研究会が持つ梅リグナン計測技術という特許を最大に活用し、生活者に新しい気づきを与えるのである。

梅リグナン含有数値は、商品ごとに異なる。この数字こそが重要だ。数値を全面に押し出すロゴで、梅リグナンの含有量を機能的に伝えることを狙っている。小さなパッケージでも数値が目立つよう、視認性の高さも意識してデザインしている。様々な商品に実際に貼り付けて検証を繰り返したうえで、最適化されたロゴだ。

このロゴは、既存商品にも、今後発売される新商品にも添付可能なマークであり、梅リグナンの含有量を計測すれば使用できるようになる。リグナンの計測には紀州梅効能研究会で特許を取得している技術が必要となる。

対象商品も、梅干しに限らず、梅を使ったあらゆる製品に掲載できる可能性がある。おにぎりなどにも貼られるかもしれない。また、アクション・プロトタイピングの際に議論したように、梅干しだけでなく、今の、そしてこれからの食生活に適応した新商品自体の開発も必要だろう。たとえば、親子で一緒に食べられる干し梅や、梅ガム、仕事中にちょっと元気を充電するためのハンディ梅バーなども考えられる。

ビジョンを決めても、ビジョンだけでは、実体のない浮ついたものになることが多い。また、アクションも、それだけでは小さく細かくまとまってしまうことが多い。

デザインという方法論を使って、ビジョンとアクションを行ったり来たりしながら、そして構想とビジュアルを行ったり来たりしながら、創っていきたい未来を形にしていくと、進むべき方向と打ち手がどんどん鮮明になってくることが実感できた。

こうして、ビジョンも、アクションも決まった。後は、研究会に提案して、どんな反応が来るかを楽しみに待つだけだ。

梅の未来を、梅リグナンとともに切り開く

紀州梅効能研究会との再度のミーティング。顔ぶれは前回と同じだ。

私たちプロジェクトメンバーから、ビジョン・プロトタイピングにおいて実際に辿ったプロセスと、ビジョン・ワードとビジュアルの説明、そしてビジョンに基づいたアクションとしての梅リグナンのブランドロゴの説明を行う。

紀州梅効能研究会側の理解のスピードは早かった。なにせ日々、誰よりも梅の未来を考えている人たちだ。

「なんとなく、こういう未来になったら良いな、という思いはありました。ここまで言葉とビジュアルに落とし込まれると、『やろう！』という気になってきますね」

「右下の日の丸の旗（１０８ページ写真参照）が梅干しになっているのがええな。日本の食文化を代表している、と実感できるし、これから世界に打って出よう、という意気込みも感じさせられる」

「はじめは健康意識が高い人から徐々に広がって、そのうち毎日どこの家庭でも食べることが当たり前になり、いつかは海外にまで広がっていく。そういう暮らしの変化を起こしていく、ということですな」

「ビジュアルの説明にもあったけど、３つの視点で梅が生活者にどんな風に思われているかを俯瞰すると、自分たちで思っている以上にネガティブな面もポジティブな面もあるのがわかって、視野が広がる。おもしろい」

「このビジュアルを見ても思うけど、自分たちで梅の可能性を狭めたらアカンね。お客さんは梅干しを求めている人ばかりだ、と思っていたら、自分たちの商売を逆に狭めてしまう。このビジュアルにあるように、梅はおばちゃんだけのものでなく、もっと広く子どもからビジネスマンまで食べてもらえるポテンシャルがあると思うし、それを掘り起こさなあかん」

ビジョンをしっかりと共有できれば、話は梅リグナンロゴへと進む。長机の中央に広げたロゴのデザインを見た代表者たちの反応は、とてもよかった。

「これは健康にこだわりのある人が気になりそうなデザインやな」

「パッと見て、梅っぽいし、梅リグナンという言葉も端的に伝わるし、相当ええんちゃう?」

「『このロゴ何だ?』と思って、調べたら、梅リグナンについて情報を提供している紀州梅効能研究会のウェブサイトにつながるようにしときたいね」

「でもこれ、競合にパクられへんかな? 一所懸命、梅リグナンを盛り上げて、世の中に広まったら、競合もパッケージで『梅リグナン』って書き出したら、ウチらが何のためにやってきたか、わからへんで」

あわてて社長たちの会話に割って入る。

「いや、大丈夫ですよ。『梅リグナン』という特定の成分をパッケージに表示しようと思ったら、梅リグナンが何グラム含まれているかを栄養成分表示に記載しなければいけません。でも、梅リグナンの測定機器に関する特許を持っているのは、紀州梅効能研究会だけなので、競合はそもそも含有量を測定できない。栄養成分表示に含有量を表記できないので、パッケージに『梅リグナン』と表記することもできないんです」

「なるほど。違法に表示する競合も出てくるかもしれへんが、それはもう法的に対処していくだけやな」

「じゃあ、このロゴで決めましょう!」

店頭に並んでいる梅リグナンのロゴ

トノハタ　特選　小粒の南高梅　さらり梅

丸惣　梅の年輪

紀州ほそ川　紀州南高梅　白干し

岡畑農園　幻の梅

研究会は、すぐに掲出できるように調整を進める、と言ってくれた。

「研究会では統一したイメージで梅リグナンを打ち出したい。お互いが注文を取って、4社一体となって店頭で情報発信していきたいね。4社から徐々に広がって、生活者が自然に手に取るようにしたい」

「今後どんな新商品を作っていくかも、今回の提案は大いに参考になります。引き続き一緒にやりましょう」

その後、研究会は、驚くようなスピードで梅リグナンのロゴ使用をスタートした。すでに2013年の秋から、各社の梅製品のパッケージに貼り出し、販売を行っている。梅リグナンの効用についてまとめたウェブサイトやリーフレットの作成にも着手しているという（右ページ写真参照）。

ヒアリングの中で、とくに耳に残ったつぶやきがある。

「梅を作る仕事を、かっこいい職業にしたいんですよね」

研究会の誰かが口にした一言だ。

梅リグナンのビジネスが拡大し、日本人にとって梅の存在感が大きくなり、梅作りに従事する人が増えていったら、それはとても素敵なことである。

この本を読んでいる経営に関わる方々は、忙しい日々で、疲労もたまりがちだろう。その生活に、梅を取り入れてはいかがだろうか。経営者が病気知らずで元気に過ごすことは、デザイン思考の土台となる経営の基本だからだ。

第5章

プロジェクト・ドキュメント②
「美の歓びと暮らす。」
深川製磁

100年以上の歴史を持つ深川製磁の歴史

少しでも和食器に興味があって、「深川製磁」の名を聞いたことがないという人は少ないだろう。

トレードマークは富士に流水。100年以上の伝統を持つ、佐賀県有田焼の有名な陶磁器メーカーである。明治に創業し、パリ万博に出品するなどの実績を作り、明治43年から今に至るまで宮内庁に納めている格式ある企業だ。

深川製磁が生まれたのは明治27年のことだ。当時、江戸末期からの不況はまだ続いていた。初代の深川忠次は東京高等商業学校（現一橋大学）で貿易や為替を学んだのち、17世紀初頭、日本の磁器発祥の地として知られた有田に深川製磁を創業する。

1889年のパリ万博にはじめて有田焼を出品するが受賞には至らず、失意の日々を送るなか、洞察力に優れていた忠次は、ヨーロッパの陶磁器愛好家のニーズを見事に捉えた。ジャパネスク様式を活かしながらヨーロッパの嗜好をうまく汲み取り、エジプトや中国の唐草模様も含めた集合体としてのデザインを生み出したのだ。そして、新しいデザインを引っ提《さ》げて、1

深川製磁のロゴと有田本店の様子

９００年のパリ万博に深川製磁としてあらためて出品し、見事金賞を受賞する。この当時生みだされたデザインは、時代に合わせながら今の時代まで脈々と伝わっている。

その後、パリ万博と同時に、有田の窯元としてはじめて、イギリス・バーミンガムのワット商会を総代理店として海外への輸出を開始。ロンドン、パリ、ハンブルク、ブリュッセル、ミラノ等に次々と代理店を設け、独自の美感を武器に、率先して有田焼輸出の振興をはかり、新たな市場を開拓していった。

創業16年目には、宮内省御用達を拝命し、御料御食器や御陪食用御食器を謹製するようになり、現在も上納している。忠次はさらに、工場を作ることで有田焼を産地として蘇らせたいと考え、資金集めのために九州で二番目となる株式会社、深川製磁株式会社を設立するに至った。

それから約100年、現在は4代目の深川一太氏が、深川製磁の新しい挑戦のリーダーシップをとっている。「新たな美感を創造し、匠の技を世界へ。」という社内スローガンを掲げ、2005年には「フカガワスタジオミラノ」を開設。ミラノサローネへの参加、ジュエリーやインテリア・アイテム等の製造・販売など、分野を超えて陶磁器の可能性を追求している。

既存ビジョンの可視化と抗菌陶磁器の事業化を促進する

4月下旬。私たちプロジェクトメンバーは、深川製磁の六本木店「The House」を訪れていた。

瀟洒《しょうしゃ》な住居を改築した店舗にはリビングルームがあり、テーブルには深川製磁の花器がしつらえてある。深川製磁の格調の高さを空間全体から感じることができる仕組みだ。

迎えてくれたのは、4代目社長の深川一太氏と、取締役でブランドマネジメント（BM）部長兼芸術室長（デザイナー）の深川恵以子氏。事前に今回のプロジェクトの概要を打診し、興味を示していただいている。今日がはじめての顔合わせ、議論の場だ。

「――という、デザインを活用した私たち独自のビジョン策定の手法を用いて、御社の企業ビジョンとアクション開発に取り組ませていただきたいのです」

まずはこちらから、プロジェクトのプロセスとアウトプットイメージを説明する。だが、一太社長は若干困惑気味の反応を見せる。

「うちには企業ビジョンがすでにあるんですよ。それも、まだ一昨年に定めたばかりです。今回、みなさんにお願いして、またビジョンを変更するというのには違和感があります。社内も混乱するでしょうし」

「どういった言葉ですか?」

「『精神的に豊かになれる文化水準の高い社会作りに貢献するために、私たちは、匠の技を有した新たな美感を創造し、お客様の感性を刺激する商品/新たな自己表現を可能にする商品を革新的な事業活動をもって提供していきます。』というものです。私たちは、ブランドはあくまで製品や事業活動を通じてお客様に伝えていきたいという想いがあり、この言葉はあまり公には出してきていませんが」

「結構、長文ですね」

「あえて、短いコピーにはしていません。深川製磁の価値を創り出す社内の人間に理解させることが一番の目的でしたし、私たちが目標とする社会のあり方から始まるすべての文章が重要ですので」

「しかし」、と社長は続ける。

「ビジョンに掲げる大きな目標に向かって、社員に短期的に注力させる領域を与えることも必要だと思っています。そういう理由で、一昨年からは〝社内スローガン〟として『新たな美感を創造し、匠の技を世界へ。』という言葉を掲げています」

ずっとメモを取っていたデザイナーの1人が顔を上げ、社長に質問する。

「そのビジョンやスローガンは、すでに社員のみなさんに十分共有できていますか?」

一太社長は、かぶりを振った。

「なかなか浸透していません。そこは悩んでいるところです」

同じメンバーが質問を続ける。

「ビジョンは言葉だけですか? ビジュアルやシンボルなども作っていますか?」

「言葉で定義していますね」

「今回、私たちは御社の既存のビジョンを作り直そうとは思っていません。今すでにお持ちのビジョンを、生活者や社会にとっての価値という視点から再解釈して、それを言葉だけでなくビジュアルとして共有できるようにします」

「何のためにですか?」

「ビジョンを可視化することで、顧客や社員が、ビジョンに込められた意味やイメージを、よりはっきりと共有し、そのビジョンを具現化するための事業活動をそれぞれの業務で考え始めるようになります」

社長とBM部長は同時に頷いた。

「たしかに、文字とビジュアルとでは受ける印象はまったく違いますね。ビジョンを言葉として掲げているだけでは、各人で理解が異なっているのかもしれません。それが、なかなか浸透が進まない理由かもしれない。ビジョンが可視化されることで、見た人誰もが同じ理解をできるようになる、というのは非常に意義がありますね」

社長はそう話しながら、あらためて私たちのほうに向き直った。

「ただ、今の言葉を定義するときは、様々な職人の想いやこだわりを束ねることで大変苦労しましたし、色々な想いや背景が詰まっている言葉です。それを咀嚼していただくだけでも大変だと思いますが、お願いできるのでしょうか?」

「もちろんです。これだけの歴史と想いを持つ会社のビジョンをひも解かせていただくことが楽しみです」

プロジェクト開始に向け、基本的な部分の同意を得ることができた。私たちは引き続き、ビジョンを体現する事業活動のアイデアも提示させてほしい旨を説明し、具体的なヒントを得るべく、社長とＢＭ部長との会話を続ける。

「御社の中に、ビジョンを体現するような事業領域はありますか？」

「あります。今、創業１２０周年に相応しい新事業にチャレンジしているんですよ」

「詳しくうかがいたいです」

「それは『抗菌事業』です。よくある抗菌食器のように、後から抗菌素材を塗布した器ではなく、抗菌素材を釉薬《ゆうやく》とともに焼成しているので、半永久的に抗菌機能が失われない技術です。実用新案登録も取得しています」

「事業展開は順調ですか？」

「実は、悩んでいます。これまで深川製磁は美感を軸とした付加価値の提案はずっと行ってきましたが、今回の『抗菌』のような機能的価値を軸としたビジネスの経験はありません。とくに気になっているのが、深川製磁の美感を基盤とした付加価値ビジネスと、こうした抗菌のような、ともすればコモディティに捉えられてしまうようなビジネスを併存して展開できるのかどうか、ということです」

社長は、新たな事業について熱っぽく語りつつも、悩みを打ち明けてくれた。

「この抗菌事業は、高齢者や赤ん坊、病人などの抵抗力が弱い方々が、食を楽しむどころか、ウィルスなどのリスクで、常に不安と共に食生活を送っている状況に提言したいという社会貢献の想いからスタートしました。とは言っても、深川製磁が世に出すからには、当然美感も伴っていなければならない。これまでは、抗菌素材を釉薬に混ぜて焼成すると、白磁の白が若干濁ってしまい、自分の審美眼としては到底市場に出せるものではありませんでした。ずっと技術開発を進めていて、ようやく最近、通常の白磁と遜色ない透白磁を実現できるところまで来たんです」

深川製磁の徹底したこだわりが垣間見える。

「この事業は、『お客様への想い』をすべての中心に据えている深川製磁のスタンスを、これまで以上にわかりやすく伝えていける事業だと思っています。そういう社会的価値があるという確信もあります。だからこそ、深川製磁をよく知る人にも、そうでない人にも広く伝えていきたい。この事業を、深川製磁のビジョン全体の中に位置づけながら、うまく事業を展開する工夫を一緒に考えていただけたら一番助かります」

私たちは、社長の想いを受け、今回のプロジェクトテーマを「既存ビジョンのビジュアル化」と「抗菌事業の展開を促進するアイデア開発」に絞り込むことにした。

この日はキックオフの場として終え、あらためて社長とＢＭ部長に詳しいヒアリングをお願いすることになった。

春の花々が咲き誇る「The House」の庭を見ていたこのときには、半年以上にも及ぶ長いプロジェクトになるとは、誰も予想していなかった。

陶磁器という素材を通じて新しい価値観を提案し続ける

ヒアリングの日程が調整できたのは、梅雨が始まった6月上旬だった。

前回の打ち合わせの後、深川製磁の歴史やこだわりを知るために、社内資料の共有を依頼していた。色々と読み込んで、知識としては理解できたものの、企業ビジョンを再解釈するためには、経営者の熱のこもった想いをもっと聞き出すことが必要だったのである。

私たちは、次のようなヒアリング項目を深川製磁に送り、できるだけ事前に記入してもらうことをお願いした。

ヒアリングの項目は、第４章の紀州梅効能研究会での項目と同じ構成だ。創業から企業成長していく過程を、自社が目指してきた姿、社会との関わり方など企業意思の観点から時系列で把握できる構成にしている。同様に、抗菌事業というビジョンと一貫したアクションについても、その位置づけ、狙いを把握していく。ビジョン構築の際、このヒアリング項目は、共通のフォーマットとして活用できることをここでも確認した。

次の1〜8についてお答えください

1. 創業の想い
深川製磁が創業において掲げた志、また深川製磁らしさを形作ったエピソードや事業活動をお教え下さい。

2. 成長の節目と事業活動
深川製磁がこれまでに成長してきた節目とその成長のキッカケになったエピソードや事業活動をお教え下さい。

3. 今後の成長イメージ
深川製磁は、今後どのように成長していきたいですか？　10年後に新聞に掲載されると想定した場合、その見出しの文章とその理由をお聞かせ下さい。(人々への暮らし／社会にどのようなインパクトを与えているか？　という視点でお考え下さい。)

4. 意識している会社／競合企業
意識している会社（他産業含む）または、市場で意識している競合企業はありますか？　その企業名と意識している理由・特徴を教えて下さい。

5. 深川製磁らしさ

深川製磁を人物で表すとどのような人でしょうか？　その人の性格や行動と、そのように考えた理由を教えて下さい。また、イメージの近い実際の人物が居ましたらその人物像もお教え下さい。

6．抗菌食器の背景・想い

抗菌食器が世の中に必要だと思われた背景・想いをお教え下さい。

7．抗菌食器の普及イメージ

抗菌食器が普及した将来、特にどのような人が、どこでどのように使っているでしょうか？　なぜ他の安い抗菌食器を買わないのでしょうか？　イメージをお聞かせ下さい。

8．抗菌食器の提供価値イメージ

抗菌食器を使っている人が感謝の手紙を送ってきました。その手紙にはどのような感謝の言葉があるでしょうか？　その感謝の言葉を一言で表現して下さい。

深川製磁のビジョンを、ビジュアルや事業アイデアへと落とし込んでいくための核となる情報を網羅的に得るべく、多様な視点からヒアリング項目を設定している。

深川社長とＢＭ部長が、これらの膨大な質問の１つひとつに、長い回答を寄せてくれた。そして、２人に対面し、その意味や背景を丁寧に聞き込んでいった結果、ヒアリングの要旨は次のようにまとめられる。

自社の核となる強みは、固有の焼成技術

「1350度の高温焼成を変えてはならない。これが家訓として残っている。高温焼成することで歩留まりが悪くなる。しかし、その高温焼成でしか生まれない透白磁の美しさは見る人にはわかる。初代忠次は、世界で勝負できる技術は、将来的にもこの高温焼成にしかないとわかっていたのだと思う。西洋の陶磁器産業も同様で、技術がまず先にあり、その次に新しいデザインが来る。固有の技術があるからこそ、新たな美感が成立するという構造は、世界の共通言語だと思う」

「骨壺」を通した新たな価値観・美感の提案

「〝やすらぎの壺事業〟と社内で呼んでいる『骨壺』の製造は、新たな価値観・美感を提示するために始めた取り組み。遺族の方に『故人は最期にここに入れて良かったね』と言ってもらえるような骨壺を作りたかった。故人にとっても、最期に入る部屋は自分らしく美しくしたいはずだし、遺族の方々への慰めにもなる。つまり、美しさによって悲しみを和らげる。これが何より伝えたい価値。まさにお客様の身になって、潜在的欲求や悩みを形にした事業だ。従来であれば、骨壺と美しさは相入れないものと思われ、素朴な骨壺しか作られていなかった。そのような美が求められていなかったシーンにも、新たな価値観・美感を提案することが深川製磁らしいと思っている」

食器離れが進む一方で、精神的な充足感を求める層も存在

「食器を使わないトレンドが気になっている。有名なコーヒーチェーンでも、紙コップと陶磁器のコップが併存していることが代表例だろう。一般的なニーズとしては、どんどん楽をする・便利になる・安いというニーズを求める人々が増えていくのであろうが、一方で、贅沢品を求めるのではなく、精神的な豊かさを追求する人々も一定数存在していると認識している。今の深川製磁のお客様は若い方からご高齢の方まで幅広く、デザイン好きな方、日本古来の美感が好きな方、様々な動機の方がいらっしゃるが、共通して感じられる要望は、『自分を表現したい、暮らしにこだわりたい』という点だと思う」

グローバルで普遍的な、ラグジュアリーライフスタイルブランドへ

「近年は、アートやジュエリー、インテリアオブジェなど、器というジャンルを超えたファッション誌・インテリア誌に取り上げられることが多いが、やはり深川製磁は器事業が中心。明治の伝統を残し、受け継いでいくだけの会社ではなく、創業当時からそうであったように、どの時代においても、陶磁器という素材の可能性を追求する会社として、社会のためにライフスタイル全体に貢献できるラグジュアリーライフスタイルブランドであり続けたいと思っている。さらに、その影響を世界に広げられる、グローバルで普遍的なブランドでありたい」

知識や技術を活かして既存領域を超えていく

「異業種で意識する企業は、サントリーや鈴廣。飲料・食料の違いはあるが、両社とも中心事業によって培われた知識や技術を使って、サプリメントなど身体に良いことを提案している。既存の事業領域を超えることと、社会に向けて自社のスタンスを明確に伝えることを両立させており、大いに参考になる。深川製磁も100年以上蓄積された美感を、現代の生活、現代の価値観に合うように革新していき、本業の領域を超えて時代にあった新しい価値につなげる挑戦をし続けたい。深川製磁独自の伝統的な美感を尊重しつつ、伝統技術に裏づけされたまったく新しい切り口の価値を生み出して、発展していきたいと思う」

美感と機能を両立した抗菌食器の実現

「深川製磁の製品は透白磁だが、美しいだけではない。実は、高温焼成により得られた透白磁は軽く、強く割れにくく、汚れもつきにくいという機能的な価値もある。そういう機能的な面と美的な面を両立させてきたことに深川製磁の特徴があり、その延長線上に、いま手掛けている抗菌事業も位置づけられる。使用者のイメージは、元気な老人の方。その方が日々を楽しむお手伝いをしたいというのが事業の根底にある想い。

この抗菌食器は、すでに東京のある著名な病院で導入されているが、通常のメラミン抗菌食器ではなく、美しさと抗菌機能を両立した磁器で食事を提供することで患者さんの食欲が増し、元気になる。患者さんが食事を楽しめることで、ご家族の方も安心される。『患者さんの食事を楽しむ心まで気を配る病院なんだ』ということで、病院のブランド力も高まっているようだ。まさにそこが狙い。深川製磁のお客様であるお取引先様にもエンドユーザーのお客様にも喜んでいただける。

また、導入する病院にとっては、他にも様々なメリットがある。深川製磁の抗菌食器は、ガラス状の釉薬の上に焼きつけている通常の抗菌食器と異なり、釉薬の中に溶け込んでおり、半永久的に光触媒の効果が持続するので、食あたりなどの万が一のリスクを避けられるとともに、買い替えのコストも軽減されるため、病院経営上でもインパクトがある」

今後は抗菌の価値を感じてもらうための工夫が必要

「抗菌事業は病院・介護施設などのＢｔｏＢ事業から始めて、将来はＢｔｏＣに展開したいと考えているが、そこには大きな課題がある。

病院・介護施設のお客様から、上薬《うわぐすり》に色のついたものを使用するのではなく『抗菌機能を直接的に見える化してほしい』という要望をいただくことが多い。これが非常に悩ましい。その要望に対応するには、深川製磁が作る美感を大きく損なう危険性も孕《はら》んでいるし、何より先方の表現はあくまで物の例えであり、美感を作るプロとして我々がどう返答するかを期待されている。もちろん我々は当初から、『最終的な使い手であるお客様に、安心感を提供する』という取引先の経営姿勢のアピールを含めたブランディングの1つとして抗菌食器を採用してもらうことを想定して提案していたが、想定以上のわかりやすさが求められていた。

抗菌食器は、特注の型や柄で他の商材とは完全に分けて製造しているが、抗菌食器でいかに透白磁を実現するかに苦心し、ついに他の自社製品と同レベルの水準まで来たことが仇となり、この商品を知らない一般の人には、抗菌機能のない普通の製品との見分けがつきにくい状況になってしまっていた。しかし、病院・介護施設のニーズは、抗菌食器で食事をする患者さんにも配架する方にも抗菌食器であることをわかりやすく感じさせ、安心してもらいたい、ということなのだ。

本当にわかりやすく抗菌の価値を伝えるならば、『抗菌』という文字を食器に入れることになるだろうが、それではかえって食事をする気持ちが湧かなくなってしまう。そうではない方法で、視覚的に抗菌の価値を感じさせる仕組みを工夫することで、ＢｔｏＢにおいても、実際に使用する人への普及という点でも、抗菌事業の展開を促進できると考えている」

このプロセスを通して、私たちは、深川製磁という会社全体、また抗菌事業に対する経営者の深い想いをたしかに受け取った。

今回のプロジェクトで、まず私たちが行わなければならないのは、論点の整理であった。これだけの情報を預かっても、深川製磁のビジョンをビジュアル化するうえで、何に焦点を当てることが重要なのかを精査しなければ、最適な答えは出てこない。

つまり、ビジュアル化の橋渡しとなる焦点（ビジョン・ワード）を導きだすための、既存のビジョンの読み替え作業が必要だ。

ビジョンに則った抗菌事業の展開アイデアも、まずはこの焦点が生活者の共感を得られる3つの視点の最適解として成立していなければならないのだ。

バリュー・トリニティによるイメージの棚卸し

後日、プロジェクトメンバーそれぞれがヒアリングシートと議事録の回答をじっくりと読み込んだうえで、会議室に再集合した。

論点を整理するにあたり、深川製磁の現在の企業ビジョンを、もう一度見直してみる。

「精神的に豊かになれる文化水準の高い社会作りに貢献するために、私たちは、匠の技を有した新たな美感を創造し、お客様の感性を刺激する商品／新たな自己表現を可能にする商品を革新的な事業活動をもって提供していきます」

初代の想いをベースに、これまでの事業活動と事業領域を棚卸しして、職人含め社員を巻き込んで作られたビジョンは、一見、完成形のようにも思える。

もともと深川製磁のビジョンは、社内の職人たちの意識のベクトルを合わせるために作られたものだ。その目的だけを考えれば、このビジョンを繰り返し伝え続けるだけで十分かもしれない。

ただ、その反面、生活者にとって覚えやすい言葉でまとめられているとは言えない。このビジョンにより、深川製磁の企業姿勢や価値を明確に示すことはできても、それを見聞きした生活者に、深川製磁が目指す企業像やブランドイメージを記憶してもらうまでには至らないだろう。それは、深川製磁を、自分の生活に関係がある身近なブランドとして認識させられないということでもある。

今後、社外に向けても積極的に発信していくことを前提とするならば、生活者が直接享受できる価値を付与し、より「生活者が共感できて、覚えやすいもの」にすることで、ビジョンの真の効果である生活者からの支持を得られることを、私たちは知っている。

序章でも共有したように、生活者が共感できるようにするには、生活者が経済的、文化的、社会的な視点で、どのようなイメージを陶磁器に対して抱いているのかを把握し、今後共有していける魅力的なイメージを言葉として昇華することが必要だ。

深川製磁の既存ビジョンを、生活者の視点、顧客の視点から捉え直して可視化するうえで、何が論点になるのだろうか。

紀州梅効能研究会プロジェクトでも活用した方法で、バリュー・トリニティを用いた生活者の陶磁器に対するイメージの棚卸しを行ってみた。

大きなホワイトボードに縦2本横1本のラインを引き、6つのゾーンに分割する。横軸は、経済性、文化性、社会性の3つの視点から、縦軸は、生活者の陶磁器に対するポジティブな意識とネガティブな意識を列挙していく。こうして視野を広げて陶磁器に対するイメージを把握することで、単純な低価格なプラスチック容器か、高価な陶磁器かという二元論に陥らず、生活者が根源的に求めている価値が浮かび上がってくる。

すぐに積極的なディスカッションが始まった。

まずは経済性のゾーンから発言が書き込まれていく。

誰もが自分で陶磁器を買った経験はあるだろう。そのときの自分の考え、想いからスタートする。

「陶磁器というと器がイメージされるけど、買うときにどんなことを考えて買ってるのかな？」

「器って、最も普及していて、日常的に使用できるし、手軽に生活に豊かさを加えられるっていうイメージはありますよね」

「でも、豊かさを感じられるほどの陶磁器って、高いんじゃない？　陶磁器より安くて、使い勝手のよいプラスチックの器もたくさんあるし。経済的には魅力的に感じないかもしれない」

「アジアからの安い輸入品も多いしね。なおさら国産の良い陶磁器を買おうという人は少ないんじゃないかな?」

「でも、ターゲット別に考えると、たしかに若年層は昔に比べて所得も減ってきているし、ゆとりがないかもしれないけれど、比較的年齢が上の層であれば、十分国産の陶磁器を楽しめるんじゃないかしら?」

「そういうゆとりのある生活者が価値を見出すのは、自分が求める美感やライフスタイルを自分の暮らしに提供してくれるかどうか、という文化的な価値なんじゃないかな。芸術性が高くて、日本が世界に誇る文化を体現している陶磁器は多いと思うよ」

　話は文化性へとシフトしていく。

「深川社長もおっしゃっていたけど、そういう文化的な価値というか、価格よりも自分の求める価値観や美感を重視する層は、年齢によらず存在しているんじゃないか。そういう面では価値観の多様化は、深川製磁にとって今後も捉えていくべき機会でもあると言えるね」

「ここまでの議論、食器にまつわる印象ばかりが出てきているね。深川社長の想いとしては、食器に捉われず事業を拡張していきたいのに、僕たちも含めて、陶磁器に対する生活者の認識はそこまで高まっていないのかもしれない」

「まだ、意見があまり出ていないけど社会的価値はないのかな?」

「陶磁器と聞いても、社会的なイメージはあまり浮かばないかも。でも、だからこそ逆に『陶磁器を通じて社会に貢献する会社』が注目される可能性があるかもしれない」

「ちょっと用途は違うけど、キッチンのシンクやトイレなどは『抗菌』というシールを貼ってあることが多いね。日本人はキレイ好きだから、衛生意識が高い。菌を予防したい、汚れを防ぎたいという意識はすでに顕在化しているのかも」

このように、生活者から見た一般的な陶磁器への意識を洗い出していくと、低価格化や陶磁器への関心の低さといった、深川製磁にとって脅威とも言える環境要因がありながらも、同社の事業方向性を後押しするような機会も多く見出された。とくに、暮らしの豊かさを重要視する感受性の高い生活者がすでに存在することは、今後も、深川製磁を後押しする要因になるだろう。

ホワイトボードの一面がぎっしりと埋まった。進行役が、ペンの色を持ち替えて、ディスカッションのまとめを記した（図5－1参照）。

「感受性の豊かな生活者に、陶磁器を通じて新しい価値観を提案し続けること」

これが深川製磁のビジョンを生活者視点で再解釈するうえで、フォーカスすべき論点だ。バリュー・トリニティの3つの視点の交点として、この変革すべき生活者意識を導出した。

図5-1 | 深川製磁が解決すべき生活者意識の課題

	ポジティブなイメージ	ネガティブなイメージ
経済性	○最も普及し、日常的に使用でき、手軽に各自の生活に豊かさをもたらせる	×陶磁器より安く、耐久性のある代替品がある（プラスチック等） ×アジアからの輸入品は価格が安いが、国産品は価格が高い ×20代~30代の若年層の所得低下により、高価格帯商品の購買力が低下
文化性	○芸術性が高く、日本が世界に誇る文化を体現 ○日本の文化・生活に根差し、様々な製品がある（日用品から嗜好品） ○価値観や美感が多様化。価格より自分の価値・美感を重視する層も存在	×古臭いイメージ ×若い人が使っていない
社会性	○衛生意識が高まり「抗菌」で菌を予防したい、汚れを防ぎたい意識が顕在化	×陶磁器に対する社会的イメージはこれまであまりなかった?

解決すべき生活者意識	感受性の豊かな生活者に、陶磁器を通じて新しい価値観を提案し続けること

　市場の潮流として、一定の生活者の層が価格と利便性を訴求した器を求めることは仕方ないだろう。

　しかし、そのトレンドのなかでも、暮らし方や器の使う新たなシーン、そこに込められた価値観を提案し続けることが、生活者の暮らしを先導しつつ、同時に自社の成長にもつながるのではないか。

「美の歓びと暮らす。」

定まった論点を見つめながら、今度は、経済性、文化性、社会性のバリュー・トリニティのフレームワークを、生活者に提供する価値の整理に使う。深川製磁は、自社が持つ経営資源に根差して、生活者に対してどのように関わっていきたいのか、生活者視点でのビジョン・ワードを模索していくのである。

すでに規定されたビジョンに込められた想いを、社長・BM部長のヒアリング内容に沿ってひも解きながら、先ほどの変革すべき生活者意識と向かい合う概念を模索する。とくに、自社の経営資源・強みを振り返りながら、将来的に深川製磁が変えていくべき点と変えるべきでない点を明確化し、経済性、社会性、文化性の3つの視点の最適解を求めていった。

経済的視点からみた深川製磁の存在価値は、まず、やすらぎの壺や抗菌事業などの新たな価値観・シーンを提案していくことが挙げられる。

宮内庁御用達であっても、比較的手に取りやすい価格の商品もある価格帯の幅広さとともに、そういった価値を提供することで、ビジネス拡大の機会がある。同時に、新たな価値観・美感を提案し続けることで、陶磁器メーカーではなく、ライフスタイルブランドとしてのイメージを確立することも目指す。

文化的な存在価値は、これまでの深川製磁の歴史そのものだと解釈できる。

高温焼成に根差した独自技術と透白磁の上質さ、また器からインテリア・ファッションまで、既成概念に捉われず事業を拡大する企業姿勢。さらには、初代忠次のパリ万博金賞の時代から現在のミラノスタジオまで海外文化を積極的に理解し昇華する力。これらは深川製磁の経営資源の根源だと言える。今という時代性と人々の生活を意識して、新たな価値観・美感を積極的に提案することは、深川製磁にしかできないことだ。

そして、社会的な存在価値。日常から離れた病院・葬儀などのシーンでも、人としての心の豊かさを提供するという企業の価値観自体が、強い社会性を帯びている。さらに抗菌事業は、価値観に加えて、半永久的な抗菌効果もある。こうした美感と機能が融合した商品群を生み出し続けることで、人生の様々な場面で心の豊かさ・人間らしさを提供することが可能となる。

このように、生活者にとっての深川製磁の価値を俯瞰してみて、あらためて本質的な問いが浮かんできた。

生活者にとっての陶磁器、とくに「器」の価値とは何だろうか？

日常生活の中で、美の豊かさ、心の豊かさと出会えるシーンを思い出してみる。アート、演劇、小説……色々な美の形が存在している。ただ、アートに触れるには、美術館に行かねばならない。演劇も、劇場に足を運ばねばならない。いわば非日常における美である。小説はもっと身近だが、忙しい毎日の中でなかなかページをめくる時間を作れないこともある。

それらと比較すると、器は、とても自然な形で、万人の日常生活の真ん中に存在しているものだと気づく。暮らしの中で、なくてはならないもの。アートや演劇よりも、より密接に人の生活に美を届け、美を感じる心を育んでいくことができる存在、それが器なのではないか。どんなに時代が変わろうと、必ずそこに食器はある。

この考え方は、メンバー全員が違和感なく頷けるものであった。私たちはそのまま、深川製磁のビジョンの焦点となるワードを絞り込んでいった。

まずは、「提案性」。時代と生活者のニーズの先を読み、生活者に新たな価値観との出会い・発見を提供する力。

次が「審美性」。時代・生活者が求める潜在的ニーズを、多様な陶磁器の形態で実現し、新たな美感を提示する力。

そして最後が「実用性」。食器から花器、空間まで含め、生活者の〝暮らし〟全体に豊かさ・彩りを加える力。つまりは、時代の要求にあわせて陶磁器の可能性を追求し、人々が新たな価値観や美感を感じる暮らしを生み出し続けていく力。

私たちは、これらが深川製磁の大きな存在価値であると思い至った。それから数時間、さらに議論を続け、最終的に１つのフレーズへと落とし込んだ。

図5-2 | ビジョン・ワードは「美の歓びと暮らす。」

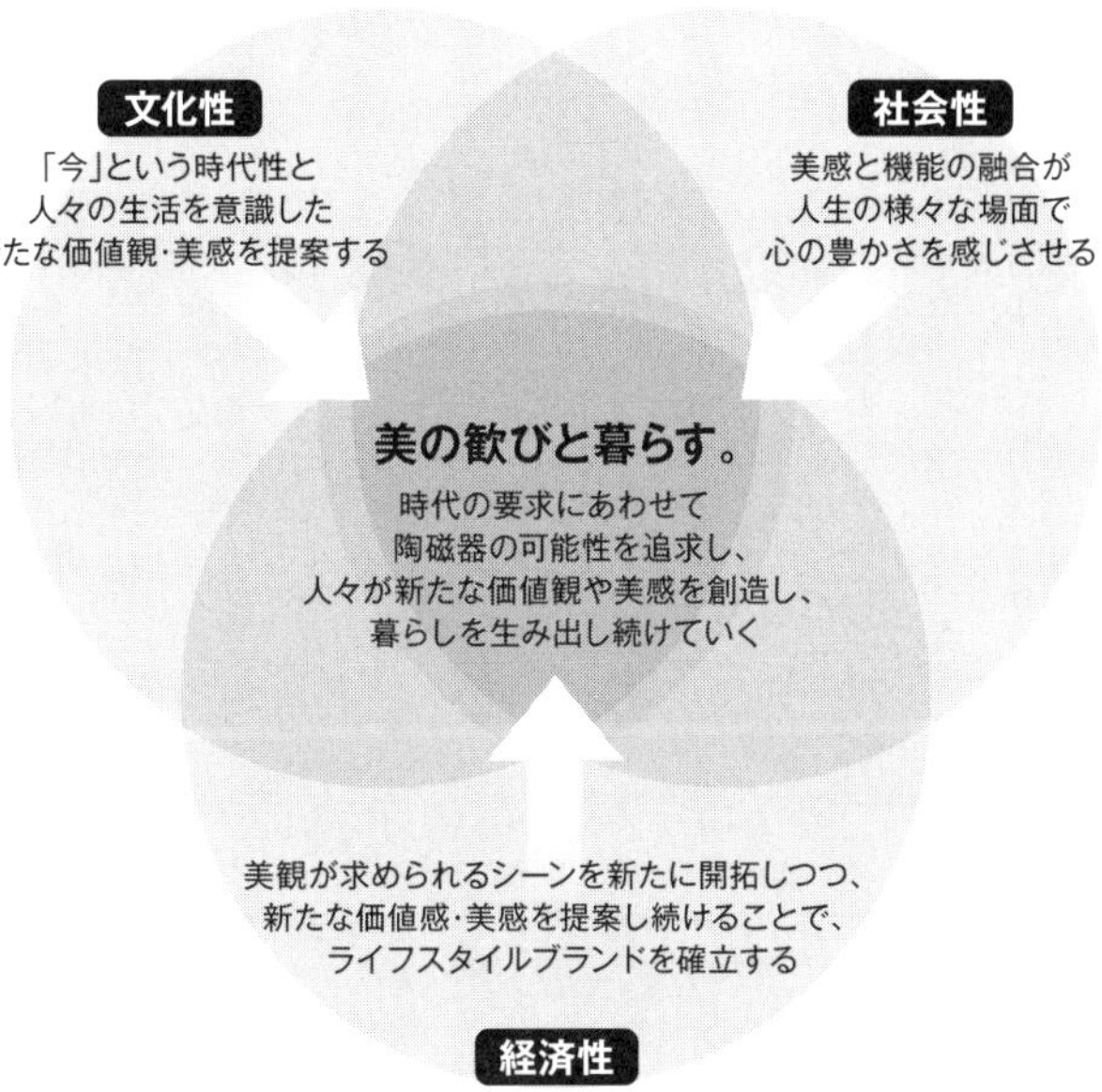

文化性
「今」という時代性と
人々の生活を意識した
新たな価値観・美感を提案する
社会性
美感と機能の融合が
人生の様々な場面で
心の豊かさを感じさせる
美の歓びと暮らす。
時代の要求にあわせて
陶磁器の可能性を追求し、
人々が新たな価値観や美感を創造し、
暮らしを生み出し続けていく
美観が求められるシーンを新たに開拓しつつ、
新たな価値感・美感を提案し続けることで、
ライフスタイルブランドを確立する
経済性

「美の歓びと暮らす。」

これが、深川製磁のもともとのビジョンである「精神的に豊かになれる文化水準の高い社会作りに貢献するために、私たちは、匠の技を有した新たな美感を創造し、お客様の感性を刺激する商品／新たな自己表現を可能にする商品を革新的な事業活動をもって提供していきます。」に込められた想いを、生活者視点から再解釈し、覚えてもらいやすい言葉として表現したものだ（図5－2参照）。

生活者にとっての深川製磁の価値観や美感の提案は、そのまま、暮らしの中に「美歓」、すなわち美の歓びを提案されることになる。暮らしの様々な瞬間で、深川製磁が提案する価値観・美感に触れられること。常に刷新した提案を生活者に提示し続ける会社になることが、生活者にとっても、深川製磁にとっても魅力的な、自社固有の未来像なのだ。

このビジョン・ワードを橋渡しとして、深川製磁のビジョンを可視化する。

さっそく翌日から、デザインチームがビジュアル開発に着手した。ディスカッションで共有した感覚を忘れないうちにと、メンバーそれぞれがデザインワークに没頭する。

ビジュアル開発の工夫のポイントは、その抽象度の設定だった。深川ＢＭ部長へのヒアリングで、「技術のある若者や年配の職人にも夢を見せるという意味で、精神的な充足感や心の豊かさ、人生の豊かさ・生き方を提示するようなビジュアルを期待しています。深川製磁を夢がある存在として職人に提示したいと思います」という示唆をいただいていたのが、大きな指針になった。

デザイン・リーダーが陣頭に立ち、ビジュアルの方向性を模索する。ビジョン・ワードをビジュアルに転換するうえで起点となったのは、やはり生活者への価値だった。

生活者が美の歓び、新たな価値観を感じられるようになるには、何があるのだろうか。そのプロセスには、単純な工業製品とは違う作り手の想いの逡巡や積み重ねられてきた歴史があるのではないか。その、プロセスの持つ重みを可視化することで、生活者が手にしている器の持つ価値の重みが浮き彫りになるのではないか。

コンセプトワークの起点はこのように始まった。

ビジュアル開発をさらに進めるうえで、1万6000年も前の縄文時代から存在する器の歴史までも思考を巡らした。その長い歴史のなかで、人の暮らしとの深い関係を持ちながら、現代に至るまで脈々と機能性と美感を更新し続けてきている器。職人の方々に夢を持ってもらうのであれば、器の長い歴史とつながりながら、自分が今その歴史の最先端としての陶磁器を作る役割を担っているという実感を持ってもらえるビジュアルが良いのではないか。

また、歴史を認識してもらうだけでなく、深川製磁がこだわる新しい価値観の先には「常に生活者がいる」ということも同時に忘れてはならない。

深川製磁は、人が幸せを感じる豊かな時間を考えて提案をしている。有田で働く職人の方々にとって、ともすれば遠い存在でもある生活者。しかし実際には、職人と生活者は、製品を通じて向き合っている、という関係性を提示したい。

職人が様々な生活者の人生や価値観を思いながら土と火の力を借りて製品を作り、その製品が生活者の手に渡ることで新たな価値観との出合いが生まれる。その関係性自体を可視化することで方向性が固まった。

そして次ページのように、中央に土・火・絵付け用の筆などの道具を配置し、上部には作り手である職人を、下部には使い手である生活者を配したビジョン・ビジュアルが生まれた。

可視化された深川製磁のビジョン

美の歓びと暮らす。

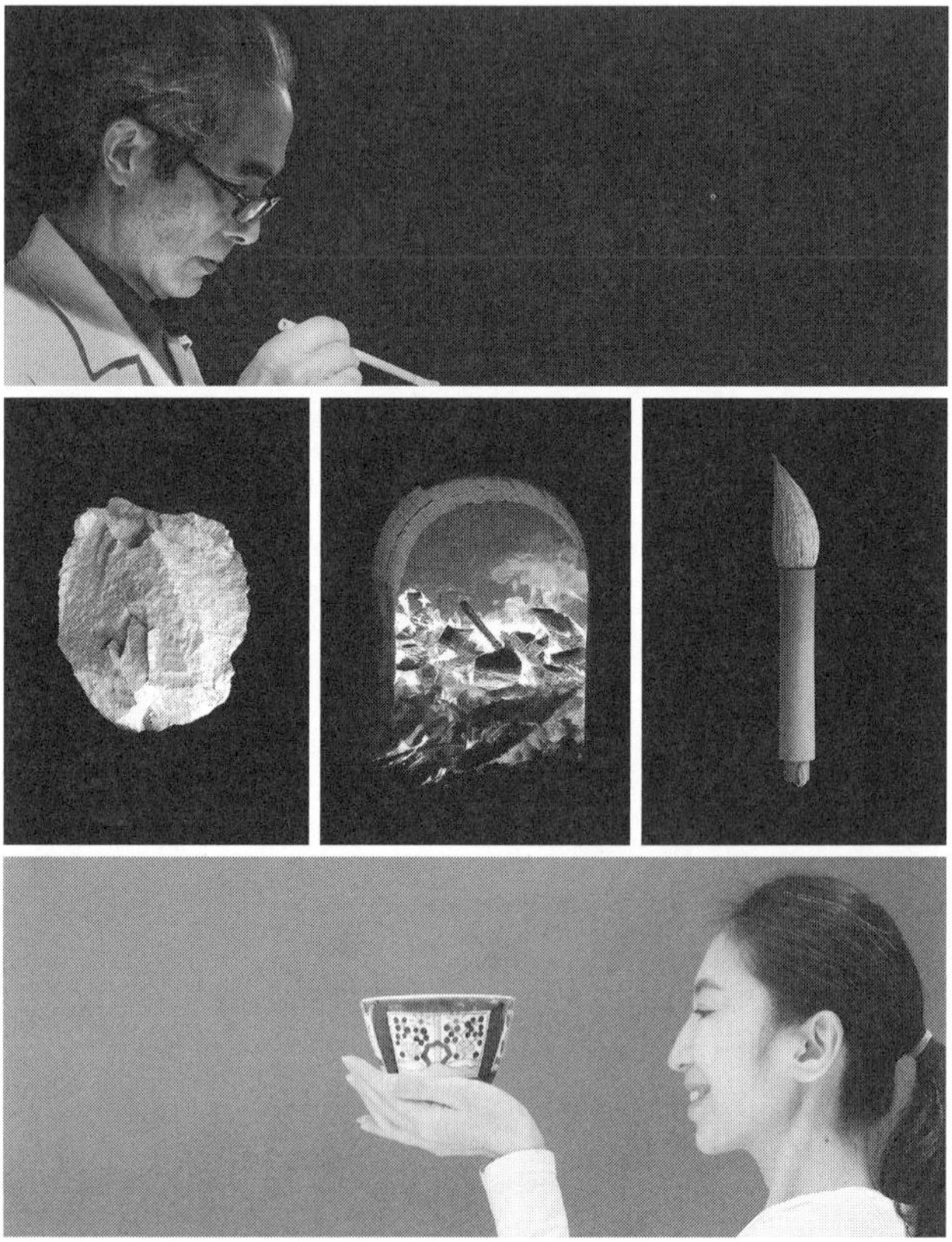

抗菌機能と美感を両立させた抗菌マーク

ビジョン・ワードとビジュアルが定まったことで、抗菌事業をどう展開していくかを検討する軸ができた。

抗菌事業は、病院や介護施設などで過ごす人が、普段の日常と切り離され、心理的にも弱くなるシーンにおいて、抗菌という安全性を担保しつつも、自分の求める美感を楽しみ精神的な充足感を得ることができる、という新たなライフスタイルや価値観を提案する陶磁器シリーズである。この事業規定と、暮らしの中で新たな価値観を提案し続けるという意味を持った「美の歓びと暮らす。」というワードとの間に齟齬《そご》はなく、むしろ抗菌事業こそが、深川製磁のビジョンを最も体現する事業として中心に据えられ得る文脈もできてきた。

次は、抗菌の価値を、購入者と使用者にいかにわかりやすく伝えるかという問題だ。「生活者が食器の美感を感じることを損なうことなく、抗菌の機能性に気づくきっかけをどのように付与するか」を論点として検討していった。

具体的に求められているのは、「抗菌」という文字、とくに「菌」という食欲を減退させる文字を表記せずに、抗菌という機能性をいかに伝えるかという解決方法だ。

これにはメンバー一同、散々頭を悩ませた。

抗菌を端的に表現することは難しく、どうしても抗菌の文字をマーク内に書かざるを得ない。抗菌の結果であるピカピカの衛生状態のイメージと伝統的な図案を組み合わせて陶磁器との親和性を追求する、器の形状やテクスチャーを統一させてブランドとしてまとめるなど、あらゆる方向から検討した。

だが「抗菌」と書かずにその価値を伝えるアイデアは浮かばないまま、日々が過ぎていった。最終的な私たちの提案は、深川社長とＢＭ部長の予想を超えるものとなった。

「抗菌事業は、抗菌機能のみを強調するべきではないと思います」

私たちは、抗菌事業の展開を促進するアイデア開発を依頼され、その方向を様々に模索した。その結果、それは素晴らしい技術だが、あくまで１つの機能にすぎないと考えたのだ。

社長の話や、すでに展開されている抗菌食器の作品を見ると、深川製磁の抗菌食器は、決して機能訴求にとどまっていない。一部の対象者に特化することで、これまで以上に鮮明にその生活スタイルを想像し、利用者の使いやすさや価値提案にも注力していることがわかる。

また、病院で成功した事実も、決して抗菌だから患者が元気になったわけではない。深川製磁の抗菌食器が、それ以上の価値を提供できているからである。

高齢患者や被介護者は、これからどんどん増えていく。彼らは見た目でおいしく食べられること以前に、こぼれにくく、安定性の高い食器を求めているだろう。また、子ども向けの抗菌食器には、子どもが使いやすく食事を喜ぶような形状だけでなく、親たちは、そうした食器を食器棚に並べたときの外観の美しさや統一感による精神的効用も求めるかもしれない。

深川製磁の抗菌食器は、そこまでの価値を備えている。

日本最高の陶磁器メーカー深川製磁が、時代に合わせたモダンデザインやクラシカルな意匠をベースに、カテゴリーに特化した実用性や抗菌という価値を加えて、本気で開発した新たなブランド。それこそが、深川製磁が次の時代に向けて創造すべきものなのではないだろうか。宮内庁御用達とはいかないまでも、それに並ぶ、深川製磁の新しい基軸のブランドの1つとして。

これこそ、私たちのチームが提言するバリュー・トリニティのフレームワークと、その最適解であるワードとビジュアルの先に生まれた、本当の意味でのアクションである。デザイン思考が事業戦略そのものをドライブした瞬間であった。

この提案に、深川社長とBM部長は、心からの賛同を示してくれた。

「ともに新しいブランドを開発しましょう」

すぐさま東京と有田の双方で、本格的なデザイン開発が始まった。

ここで、いわゆるデザインのアウトプットプロセスである「形にするデザイン」の部分において、「グラフィックデザイン」と「伝統工芸デザイン」のプロフェッショナル同士の、極め

博報堂チームと深川製磁の共同で生まれたロゴ

深川製磁が完成させたロゴ

博報堂チームが開発したロゴ

FUKAGAWA SEIJI

※博報堂チーム制作のグラフィックの富士流水に笹を加えた抗菌マーク

※伝統工芸士の手書きによる富士流水に笹を加えた抗菌マーク

て貴重なコラボレーションが実現することになった。開発するのは、新しいブランドのロゴマーク。まず、デザイン・リーダーが、深川製磁のトレードマークである「富士に流水」をモダナイズしたロゴを開発した。実際には、この時点で100近いパターンの試作を経ている。

それに対し、深川製磁が、古来より抗菌の謂れのある「竹／笹」をあしらい、感覚的かつ直感的に抗菌の価値を感じさせるロゴに昇華させた。この「竹／笹」文様は、お客様から強い要望がある抗菌機能の見える化というニーズにも応えるために、文様や柄との調和を目指して、複数の伝統工芸士たちの共演という型で開発された（通常では、職人各人の性格や趣向の繊細さから、ほぼ行われないことである）。

深川製磁社内では、富士流水・笹・竹・漢字ロゴ・英字ロゴ・配色等の必要要素を満足させるため、実に膨大な数のデザインが生まれたという。また、

「PREMIUM COMFORT FUJI LINES(仮)」

AOTAKE for royal baby

※グレーの富士に青色の笹

AKATAKE for highbrow

※グレーの富士にえんじ色の笹

色使いにも細心の注意が払われたそうだ。機能価値の文様を強調することや、皿の表使いの可能性も考慮し、グレーの富士をバックに、お子様向け・ご高齢者向けのカテゴリーごとに色を分けて、「竹／笹」が描かれている。さらに、マークのタッチさえも、カテゴリーごとに調和が図られており、徹底してデザインの力を事業に反映させようという想いが感じられる。

この新ブランドの名称は、「PREMIUM COMFORT FUJI LINES（仮）」に決まった。ブランドの価値を雄弁に物語る、お子様向けの「AOTAKE for royal baby」と、高齢者向けの「AKATAKE for highbrow」の2つのカテゴリー別ラインが、商品としてひもづく予定だ。

「生まれたデザインに誇りを持っている」

最後に、何度も私たちとの議論に足を運んでくれた深川ＢＭ部長から、完成したロゴの絵と一緒にいただいた手紙を紹介したい。


最終デザインが完成したのでお送りします。

今回のチャレンジは想像以上に大変でした。

通常は伝統的な意匠を描いている伝統工芸士に、目的を十分理解した上で取り組んでもらいました。

グラフィックのデザインに敬意を払いつつ、自己の感性を乗せて一つの完成した美感として作り上げるには、大変長い時間を要することとなりましたが、目的に合致した完成されたデザイン作成に真摯に向き合ったことは、彼らにとって革新的な試みでした。

笹の葉は、複数の伝統工芸士の手と意見を集約させて作成、完成に至りました。

ロゴがあしらわれた抗菌商品

実に膨大な数のデザインが生まれました。候補で終わった多数のデザインがあったからこそ、胸を張ってご提案できる、的確で美しい最終案があることをお知らせ致します。永井氏の美しいデザインがあったからこそできた挑戦だと思います。生まれたデザインに誇りを持っています。

今回創り出された美感は、マークながら器の表面に配することも可能な美しさを備えています。器景色を最大に美しくし、お客様にも十分に喜んでいただけると確信しています。心から感謝申し上げます。

深川製磁の初代以来、それぞれの経営者が成し遂げてきたように、同社の革新の歴史の1つとして刻まれるようなアウトプットへとつなげたい。言葉には出さないが、プロジェクトメンバー誰もが同じ思いを持ちながら、今回の「深川製磁ビジョンプロジェクト」に取り組んだ。そして1つの具体的なアクションへと到達することができたのである。

2016年には、有田焼が生まれて400年になる。有田焼のフロントランナーとして走ってきた深川製磁は、次の時代に向けて、何を刻んでいくのだろうか。今後もその挑戦が、私たち日本人に新しい価値観と美感をもたらし続けてくれることは間違いない。

第6章

プロジェクト・ドキュメント③
「やすらぎある世界都心。」
東京都・港区

人口20万人以上の国際都市、東京都・港区

総人口23万5000人。うち、外国人は1万8000人。

東京都・港区は、人口の約1割弱が外国人という特性を持つ。日本全国の外国人人口はおよそ131万人であり、日本全体と比較すれば、港区の外国人比率の高さは際立っている。

私たちが働く赤坂地区も港区にある。道行く外国人とすれ違うだけでなく、韓国料理や中国料理といった各国の料理が堪能でき、東京の中でもとりわけ国際色豊かな地域であることは日々実感できる。

その一方で、港区は、日本古来の歴史を有した由緒ある街でもある。

シンボルの1つ「増上寺」は、徳川家康の時代から徳川家の菩提寺となった。その他にも歴史ある土地や場所が多い。江戸の町人の約2割が港区域に居住していたようだ。19世紀初頭には、大名の約半数が港区域に屋敷を持っており、現在の麻布・六本木から新橋・虎ノ門にかけて数多くの武家屋敷が軒を連ねていた。

19世紀半ばのペリー来訪以降は、その町並みの中に、各国の公使館が点在するようになった。

日本の歴史を色濃く残しつつ、国際色も豊かな東京都・港区

出典：港区HP

善福寺（アメリカ）、東禅寺（イギリス）、大中寺（ロシア）、済海寺（フランス）などに公使館が置かれ、赤羽橋付近には外国人接遇所が設けられていった。日本初の鉄道が開設されたのも、港区内にある新橋から横浜駅間であったし、海外から皇居を目指す外国人も数多く来訪するなど、港区は歴史的に様々な人々の交流の地として存在し、現在の発展へと続いている。

今でも、六本木・麻布のような「外国人が多い街」のイメージもありながら、新橋・虎ノ門のようなビジネス街、汐留・田町・芝浦などの湾岸部の高層マンションが林立するエリア、愛宕や芝など昔ながらの生活が根づいているエリアなど、実に多様な人々が暮らす、魅力的な街である。

私たちプロジェクトメンバーと港区とのご

縁は、オフィスが赤坂にあることも1つだが、何よりも港区議会議員の横尾俊成氏の存在が大きい。

彼は数年前まで、同じ赤坂を拠点とする広告会社で活躍していた人間だ。その行動力と志の高さは新入社員時代から有名で、「きれいな街は、人の心もきれいにする」をコンセプトに清掃活動を行うNPO団体「グリーンバード」の赤坂チームの代表となった彼は、赤坂にもっと貢献したいと考えるようになり、入社5年目の2010年に退社し、港区議会議員に立候補。見事に初挑戦で初当選を果たした。グリーンバードの全国代表としても引き続き活動している。

私たちの考え方を港区に提言させてもらえないだろうかと、横尾議員に相談を持ちかけたことが、今回のプロジェクトの端緒だった。

港区基本構想の再解釈と「参画と協働」を具現化する

「国際的な地域だからこそ、区としての地域活動が重要なんです」

横尾議員はこう話す。議員という立場になっても、人を惹き付ける屈託のない笑顔は、以前とまったく変わらない。

私たちは赤坂のオフィスで、横尾区議を囲んでいた。今日はまず、港区の全体像を摑むべく、ヒアリングの時間をもらっている。メンバーが横尾区議に尋ねる。

「私たちは今回、赤坂地区をテーマにさせていただきたいと考えているのですが、どうでしょうか?」

「港区に限らずどの区でも同じですが、区政は、地域ごとの町会や自治会など、住民の協力のうえに成り立っています。港区はとくに、それぞれの町会や自治会ごとに住民構成が特徴的で、個性的です。問題は、その全体をどう束ねていくかということです。そういう観点で言うと、赤坂などの個別の地域活動の活性化に特化するよりも、港区全体での地域活動についてご提案いただいたほうが良いかもしれません」

「では、港区全体の区政で、とくに悩まれている点は何ですか?」

そう率直に質問してみる。

「現在の武井区長が方針としている『区民が区政に参加しやすくなる仕組み作り』の具体化でしょうか。区としては、区政へ参加する機会や制度を設けて、広く区民の方々に呼びかけているのですが、参加者はやはり、自治会などに参加されている比較的高齢な方に偏っているのが現状です。引っ越してきた人や、外国人の居住者、そういった方々にもどうやって区政に参加してもらえるようにするのか、といった検討はまだまだ必要だと思っています」

「たしかに、自分も区政に参加してみようと思う機会はなかなかありませんね」

私たち自身、自分が住んでいる自治体を思い出して頷く。ただ、この課題は港区に限らず、極めて普遍的なテーマとも言える。

より「港区ならでは」の悩みも引き出したいと思い、その他の課題について質問を続ける。

「あと、大きなトピックスとしては、『アジアヘッドクォーター特区』ですね。アジアヘッドクォーター特区の多くのエリアが、港区に含まれます」

東京都が2011年に打ち出した、「アジアヘッドクォーター特区」構想。アジア地域の業務統括拠点や研究開発拠点のより一層の集積を目指した、外国企業誘致プロジェクトである。2016年度までに海外企業500社以上の誘致を目指している。その中心エリアの1つが港区だ。もともと国際性が高かった港区の役割が、さらに大きくなる。

区では、すでに数多くの施策をスタートさせているという。

「新たに特区内に進出する外国企業に対し、税制優遇をはじめ、規制緩和や財政・金融支援のメニューを用意しています。また、外国企業が特区内でスムーズにビジネスを展開し、従業員とその家族が安心して生活できるよう、英語でのワンストップ相談窓口を設け、ビジネスから生活に至るまでの支援を行っています。さらに、多言語での情報発信や災害に強い高機能オフィスの提供、生活環境・ビジネス環境の整備も進めています」

横尾区議は、ここでも住民への対応に触れる。

「当然、企業誘致の結果として、外国人の従業員の方々も新たな住民として加わってくることになります。その方々に対して、港区がどのような対応を取っていくべきか、まだ決まっていない部分も多いと思います」

そして横尾区議は、こう提案してくれた。

「こういった港区全体の課題については、港区の経営企画に相当する企画経営部の課長をご紹介しますので、一度直接相談してもらったほうが早いかもしれません。日程を調整しますので、ちょっとお時間をいただけますか？」

横尾区議へのヒアリングを通じて、今回のプロジェクトでは、赤坂などの個別地区を対象にするのではなく、〝港区全体〟に関わるテーマとした提言を検討する方向でいこう、と決まった。

数日後、横尾区議から、今回のプロジェクトに港区として正式に協力しますという連絡が入り、港区企画経営部の大澤鉄也課長にヒアリングを行うことが決まった。大澤課長にアポイントを取り、メンバー全員で港区役所を訪ねたのは、5月の終わりのことであった。

課題は既存のビジョンをアクションにつなげること

「ビジョンは、港区にもありますよ」、と大澤課長は語る。

「『港区基本構想』というものがあります。昭和50年に最初に策定され、今は平成14年に策定された第三次港区基本構想のもとで各種計画を推進しています。基本構想の中に、皆さんが言うビジョン・ワードにあたるものがあります。港区が目指す将来像として『やすらぎある世界都心・MINATO』という言葉を策定し、すでに10年間使っています。ビジュアルにはなっていませんが、かなり浸透していると思います」

増上寺からほど近い場所にある、港区役所の本館。住民でごった返す1階窓口の雰囲気とは異なり、私たちが案内された会議室フロアは落ち着いた雰囲気だ。メンバー一同、慣れない雰囲気に少し緊張している。

横尾区議と並んで座った大澤課長は、私たちがプロジェクトの主旨を説明したあと、港区にはすでに明確なビジョン・ワードがあると話してくれた。大澤課長はさらに続ける。

「そして、この構想のもとに、港区が目指すべき3つの姿を『かがやくまち、にぎわうまち、

港区のビジョンとビジョン・ワード

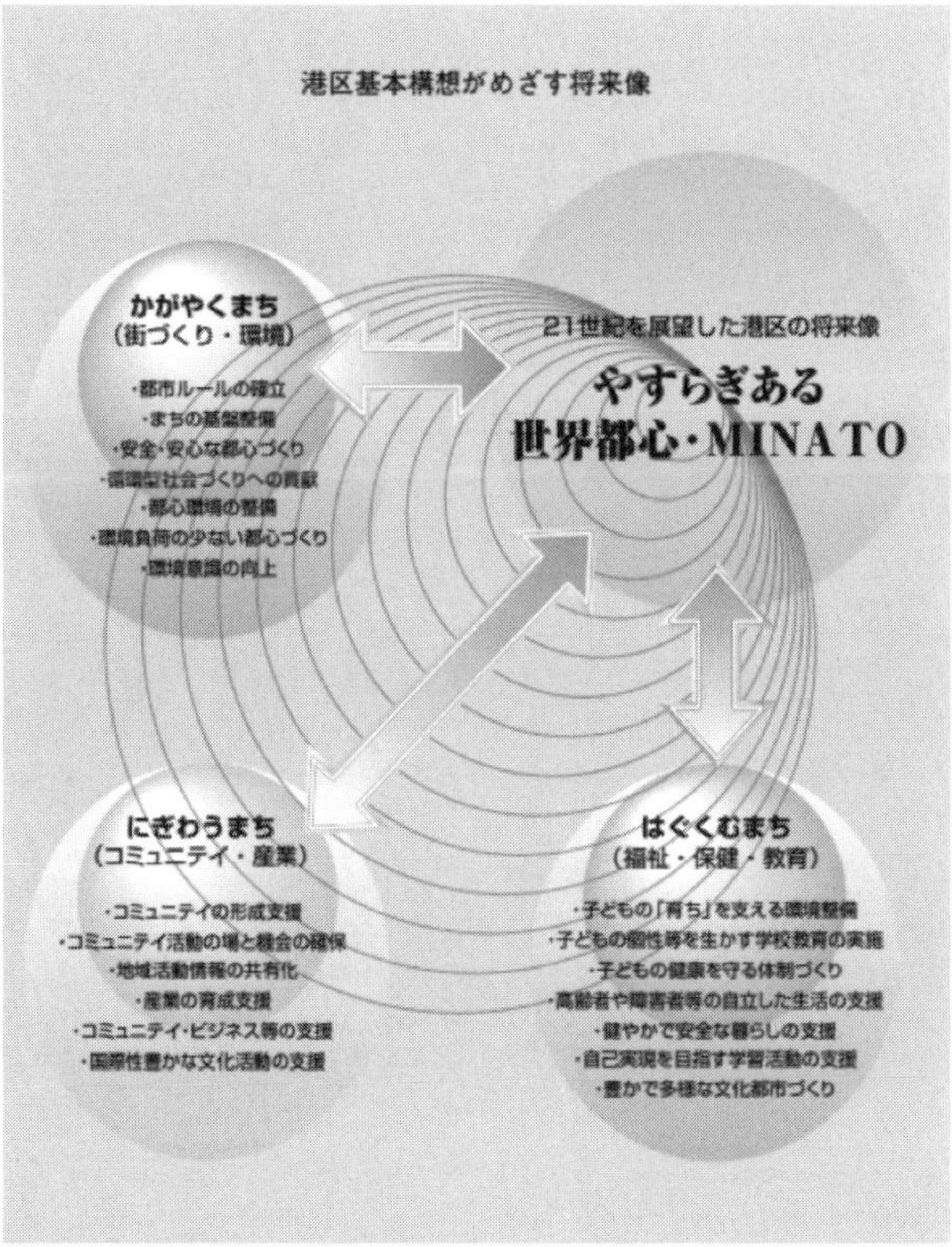
港区基本構想がめざす将来像
かがやくまち
（街づくり・環境）
・都市ルールの確立
・まちの基盤整備
・安全・安心な都心づくり
・循環型社会づくりへの貢献
・都心環境の整備
・環境負荷の少ない都心づくり
・環境意識の向上
21世紀を展望した港区の将来像
やすらぎある
世界都心・MINATO
にぎわうまち
（コミュニティ・産業）
・コミュニティの形成支援
・コミュニティ活動の場と機会の確保
・地域活動情報の共有化
・産業の育成支援
・コミュニティ・ビジネス等の支援
・国際性豊かな文化活動の支援
はぐくむまち
（福祉・保健・教育）
・子どもの「育ち」を支える環境整備
・子どもの個性等を生かす学校教育の実施
・子どもの健康を守る体制づくり
・高齢者や障害者等の自立した生活の支援
・健やかで安全な暮らしの支援
・自己実現を目指す学習活動の支援
・豊かで多様な文化都市づくり

出典：「港区基本構想」

はぐくむまち』と具体的に設定しています。港区全体として基本構想を推進しながら、芝、麻布、赤坂、高輪、芝浦港南の5つの地区に総合支所を設け、各地域で独自に基本計画を作り、地域の課題は地域で解決していく、という構造で区政を進めています」

「ビジョンがすでに事業として具現化されているという状況ですね」

「はい。そのあたりは愚直に進めています」

さすがは港区というべきか。明確なビジョンを掲げ、さらにはそのビジョンが区政の中で具体的な形となって推進されている様子を聞いて、果たして自分たちが役に立てる余地があるのかと疑問がわいてくる。少なくとも港区には、ビジョンの言い換えや、ビジョンの可視化といった提案は求められていなさそうだ。

とはいえ、またとない貴重な機会である。ビジョンの先にある「アクション提案」というアウトプットを意識しながら、引き続き課長の意向を探ってみる。

「ビジョンを策定なさってから、時間も経っていますし、現在区政を進めるうえで本当に悩まれていることをおうかがいできませんか？　その悩みを解決する活動アイデアをご提案したいと考えているのですが」

「今、悩んでいること。そうですね……現在の武井雅昭区長が掲げる『参画と協働』という方針の実現でしょうか。今の港区は、私たちが一方的に区政の方針や活動を決めるのではなく、地域住民の方々から自発的に行政へご意見をいただいて、『一緒に行政を進めていこう』という姿勢を重視しています」

大澤課長は話を続ける。

「この『参画と協働』を推進するべく、エリアごとでタウンミーティングを実施し、積極的に住民の声を拾い上げようとしています。町内の自治会や商店会などの協力もあって、非常に有意義なタウンミーティングが実施できました。

ただ、2回、3回と重ねていくうちに、参加者がだんだんと固定されてきている気もします。もちろん、毎回参加してくださる方の意見は非常に貴重です。でも、それが住民全員の意見を必ずしも反映できているかはわからない。実際に、外国人の方や、若い方の参加は少ないですし、古くから港区に住んでいる方と、最近港区に住み始めた方の意見が一致するとは限りません。もっと幅広い区民の方々の声をどうやったら拾えるか、工夫していかねばというのが悩みです」

そして、区への関心の低下は、区議や区長選挙の投票率に直接的に影響するという。

「前回の選挙は過去最低の投票率で、区政への関心の薄さが浮き彫りになったと言えるでしょう。もっと港区民としての意識を高めるきっかけを作れたら、自分たちの地域を自分たちでより良くしていこう、という関心の向上にもつながっていくのではないかと思っています」

たしかに、私たち自身、自分が住んでいるエリアの区民だという意識や、区民だからこそ地域の区政に関心を持つべきだ、という意識はあまり持っていない。しかし課長が言うように、こうした意識の低下がそのまま選挙への関心の低下につながっているという状況は切実だ。

私たちは、横尾区議から事前に聞いていた「アジアヘッドクォーター特区」構想についても尋ねてみた。

「アジアヘッドクォーター特区構想の影響を最も受けるのが、港区だとうかがっております。東京だけでなく、アジアで果たす役割も大きいのではないかと思いますが、どこまで対応を進められていますか?」

「構想の中で港区が非常に重要な役割を持っていることはよく意識しています。外国企業が増えれば外国人の人口が多くなるし、世間からの注目も大きくなると思います」

やはり期待感は高いようだ。しかし、大澤課長は慎重に言葉を選びながら話を続けた。

「だからこそ、今の住民にどのような影響が出るのか、区としてどのような準備ができるのかを考えていかなければならないんです。ヘッドクォーター特区構想自体はたくさんの魅力を持った政策であると思いますが、それが、今住んでいる方にとってもどのような魅力を持つのか、きちんと住民の方に対して説明していかないといけないと思っています」

「たしかに、迎え入れるばかりではだめですね」

「はい。港区の人口は現在20万人以上ですが、それは夜間人口です。昼間人口は100万人。昼と夜とで別の顔を持っている港区の特性を踏まえながら、アジアヘッドクォーター特区が設定されることで、新しい住民にも、現在の住民にも、できるだけポジティブな影響が起こるようにしていかなければいけません。新たに居住者になる方にとっての区の魅力を整えつつも、住んでいる人、働いている人、観光客や来街者など遊びに来る人が、お互いに気持ちよく港区に関わっていただけるようにしていきたいですね。

今回はぜひ、『参画と協働』の実現に向けた取り組みを推進しながら、アジアヘッドクォーター特区とも連携できるような提言をいただけたら嬉しいです」

「欲張りすぎでしょうか？」と笑いながら、大澤課長は言った。

私たちも、港区は国際都市としての大きな将来性を持つであろうとは考えていた。

しかし、だからこそ、すでに暮らしている住民と新たに加わる住民の積極的な交流と意見交換を生み出し、一緒になって港区を作っていくような仕組みが必要になってくる。「参画と協働」の重要性がますます増してくるのだ。

現在の港区政には、そういった課題意識があるということが、大澤課長のヒアリングを通じてよく理解できた。

プロジェクトメンバーは、ここまでの情報を踏まえ、紀州梅効能研究会、深川製磁と同様のアプローチを用いて、港区に対する生活者の現状認識の洗い出し、ビジョンの再解釈、具体的なアクションの検討に取りかかることにした。

後日、横尾区議、大澤課長の計らいで、武井区長に直接説明できる機会を作っていただけるとの連絡があった。区長へのプレゼンに向け、私たちは真剣な議論をスタートさせた。

港区民としての〝コミュニティ意識〟が希薄化しつつある

まず、プロジェクトテーマの再確認から始める。

大澤課長からは、『参画と協働』の実現に向けた取り組みを推進しつつ、『アジアヘッドクォーター特区』とも連携した提案」という課題を預かっている。この二大テーマの関係性を整理することが、最初の作業だった。

まったく異なる2つのテーマ、どちらの検討が先か。どちらがより大きい課題か。メンバー内でも意見が分かれたが、あるメンバーの意見をきっかけに方向性が定まった。

「僕はアジアヘッドクォーター特区推進よりも、『参画と協働』のほうが重要だと思う」

理由はこうだという。

「港区の区政の現在の方針は『参画と協働』を実現することを通じて、港区らしい区政を行っていくことであって、アジアヘッドクォーター特区構想は、その先にある施策の1つではないだろうか。アジアヘッドクォーター特区はたしかに港区の広いエリアに関わっているけれど、それに関わらない港区民も多いはず。すべての港区民に関係があることは、『参画と協働』というコンセプトの中で、自分が住んでいる港区という地域にいかに向き合うか、ということじゃないかな」

まずは住民1人ひとりが、港区に向き合う。そして1人ひとりが港区という存在を意識し、そこに魅力を感じ、港区に対する自らの考えや意思を示すことができるようになれば、アジアヘッドクォーター特区に関わる住民も、おのずと自分たちの住むエリアに対して同じように意思を示すようになるはずだ、という整理だ。私たちはこの整理に納得し、まずは「参画と協働」の推進をテーマとすることを確認しあった。

続けて他のプロジェクトと同様に、このテーマのもとで、経済性、文化性、社会性の3つの視点で生活者が感じているポジティブな意識、ネガティブな意識を洗い出す作業へと移る。

「港区と聞いて真っ先に思い浮かぶのは、富裕層が多く住んでいそうなイメージ。高級スーパーも多いし」

「港区に住んでいることがステータスの1つにもなるのは、明らかにポジティブな点だよね。富裕層が多いことで、高品質な製品とかサービスを受けられるお店も多いことは、経済的にポジティブと言えると思う」

「住民向けのお店だけでなく、働きに来る人、遊びに来る人に向けたお店も賑わっていて、栄えているイメージも強いよね」

「でも、逆に家賃とか物価が高そうで住みづらい印象もあるな」

「そうそう、日常的に買物できるスーパーは少なそう」

「こういう港区の経済的なイメージって、六本木や麻布、白金とか、一部エリアのイメージが拡大解釈されているという点では、誤解と言えるかもしれないね。実際には、富裕層ばかりが港区民ではなく、もっと幅広い所得層の方々が住んでいることは、港区の行政資料からもわかったし。一部の富裕層向けのイメージだけじゃなくて、もっと実態に合った、住んでいる人のイメージを伝えていくことも必要かもしれないね」

「文化的な視点ではどうだろう?」

「外国人も多く住んでいるし、外国の大使館も多いし、海外の文化と触れあえる機会が多いエリアだと思う」

「港区は、文化を発信する場所でもあると思うよ。東京ミッドタウン、六本木ヒルズのような近代的なランドマークや美術館などの施設が多くて、新しい文化を発信している。港区に遊びに来る人向けのサービスが中心かもしれないけど、港区自体の文化を形作っていることも間違いないよね」

「ずっと東京の象徴だった東京タワーも港区だ」

「長く住んでいる人には、有栖川宮記念公園とか増上寺、天現寺などの寺社は、憩いの場になっているんじゃないかな。もともと武家屋敷が集まっていたエリアで、今なお神社仏閣のお祭りのような伝統文化が残されていることは、意外と住民以外には知られていない側面かもしれないね」

「たしかに、そういう歴史・伝統には、外からは気づきにくいかもしれない。港区に遊びに来る人向けだけでなく、新しく引っ越してきた家族とか、若い単身世帯、外国人なども気軽に参加できるような住人向けのイベントや文化は、あまりないのかも」

「昔から最先端の日本文化がありつつ、外国の文化もあるのに、それぞれの文化を楽しんでいる住民は限定されているのかもしれない。もっとお互いに違う文化に触れる機会があっても良さそうだよね」

港区の社会性についても議論してみる。

「行政が充実していて、社会的な問題はない印象。むしろインフラが充実していそう」

「最近育児をしていて知ったんだけど、港区は保育園や幼稚園が充実している。わざわざ幼児教育のために引っ越す家族もいるみたい。インターナショナル校も多いし、早くからグローバルな教育を受けさせたいというニーズもあるんじゃないかな」

「この前、青山の辺りでコミュニティバスを見かけたんだ。あれはいいね。港区内のどこに行くにも簡単にアクセスできるみたい。おじいちゃん、おばあちゃんとか、足腰が弱くなった住民の方には便利だね」

「とても便利な場所だからこそ、新たに転入してくる人や、働きに来る昼間人口が増えていくんだろうね。でも、新しい人が転入してきたときに、昔からの住民にしてみれば、知らない人が近隣に増えて不安に感じているかもしれない。お互い知り合えば何てことはないけど、知らないというだけで不安が増したり、夜間の人が少ないときは不安に感じるかもしれない」

こうやって俯瞰していくと、経済性、文化性、社会性、どの視点から港区を眺めても、ある1つの共通するキーワードが浮かび上がってくる。

「港区は、どの視点から見ても、『住民の多様性』がキーワードだと言えそうだね。富裕層、外国人、昔からの地元住民、タワーマンションなどの新しい住人、働きに来る人、遊びに来る人。それぞれが多様なアイデンティティを持っているからこそ、港区民としての全体的な意識が持ちづらくなっているのではないかな」

「わかる、わかる。東京都民としての意識や、白金の住民としての意識はあるけど、『港区民』という意識はない」

「それぞれの住民のまとまりごとにちゃんとコミュニティがあって、実はそれぞれが身近な港区の魅力を見つけているけど、他のコミュニティとその魅力を共有するきっかけがない、という状況なのかもしれない」

そう話しながら、進行役のメンバーが「港区の生活者意識」をホワイトボードにまとめた（図6－1参照）。

図6-1 | 東京都・港区が解決すべき生活者意識

	ポジティブなイメージ	ネガティブなイメージ
経済性	○富裕層が多く住んでいそう ○高品質な製品やサービスなどを享受できるお店が多い ○区民だけでなく、働く人、遊びに来る人に向けたお店が賑わっている	×家賃・物価が高そうなイメージ ×日常的な買い物をする場所が少ないイメージ
文化性	○外国人が多く、海外の文化が身近 ○美術館やランドマーク施設が多く、新しい文化を発信している ○寺社仏閣、東京タワーなど伝統や歴史が豊富	×新しく転入した家族、若者、外国人などが気軽に参加できるイベント・文化が少ないイメージ
社会性	○幼児教育、インターナショナル校など教育が充実したイメージ ○交通網が発達していて、区内の移動が楽	×新たな転入者、外国人が多くて不安（防犯・治安を意識する必要）

解決すべき生活者意識	昔からの地元住民／若い世代のマンション住民／各国の外国人居住者／富裕層など多様な港区民が個別に暮らし、“港区民／港区に関わる人”としてのコミュニティ意識が希薄

「港区の生活者意識＝昔からの地元住民／若い世代のマンション住民／各国の外国人居住者／富裕層／働く人／遊びに来る人など、多様な港区民が個別に暮らしており、〝港区民／港区に関わる人〟としてのコミュニティ意識が希薄」

「やすらぎある世界都心。」

生活者意識の課題を踏まえて、「港区基本構想」の内容をあらためて読み返してみる。

港区基本構想で掲げられた港区の

ビジョンは、「やすらぎある世界都心・MINATO」という言葉である。このビジョン・ワードは、これからも数年間、港区の基本方針として継続使用されることが決まっている。そこで私たちは、ワード自体は現状のものを前提としながらも、そこに込められた意味合いを現在の港区の実状に合うよう、あらためて解釈することにした。

まずは、既存のビジョン・ワードがどういった意味とともに策定されたのかを正確に確認することから始めた。港区基本構想に、「やすらぎある世界都心」の定義が明記されている。

次の箇所が、とくにその意味合いの中核に据えられているようだ。

- 「コミュニティの再生を進めるためには、在来住民だけではなく、新たな住民、外国人などの新しい構成員を加える」
- 「多様な人びとがいきいきと暮らせる都市のルールをつくり、それを人びとのパートナーシップの下で実現することにより、魅力的で活力のある社会をつくる」
- 「まちづくり、産業振興、環境共生、福祉・健康、そして子どもから高齢者・障害者のケアまで、すべてがグローバル・スタンダード」

実態と比べて、とくに差異を感じるのは、「コミュニティ」の捉え方だ。

「コミュニティの再生」や「在来住民だけではなく、新たな住民、外国人などの新しい構成員を加える」というフレーズから垣間見える港区の考えは、1つの大きな「港区民」というコミュニティを想定し、そのコミュニティを再活性化させるために新たな住民・外国人などを、そのコミュニティに加えていく、という捉え方であることが推察できる。

一方で、ここまでのヒアリングや生活者意識の洗い出しから見えてきた現状の港区には、そうした1つの大きな「港区民」コミュニティの形成は確認できていない。むしろ、在来住民のコミュニティと併存する形で、外国人コミュニティや高層タワーマンションなどに居住する若い世帯などの多様なコミュニティがそれぞれ個別に存在する状況である。

港区が持つべきコミュニティ構想のあり方を、実態に即して言うならば、各コミュニティが別々に存在する状況を受け入れつつも、むしろそれぞれのコミュニティが楽しんでいる港区の魅力にどのように相互に気づかせるか、その気づきを通じて港区民としての意識醸成を図ることが望ましいのではないか。

また、「多様な人びとがいきいきと暮らせる都市のルールをつくり」という考え方も、「参画と協働」という現在の区政方針に照らし合わせると、もっと住民自身が都市ルール作りに参画する意味合いを強めることが望ましそうだ。

さらに、「世界都心」という言葉についても、街づくりを始めとしたすべてのインフラがグローバル・スタンダードであるという意味合いを持ちながらも、むしろ、港区で大きな比率を占める外国人も住みやすく、在来コミュニティとも交わっていける街、という文脈を込めることで、世界都心として多様な外国人を惹きつける地域としての特性を際立たせることができる。

こうして、ビジョン・ワード策定当時に込められた意図を1つずつ咀嚼し、その思考の深さを理解していく一方で、策定から10年以上の時間が経過したことで、現在の実態にそぐわない部分が生まれ始めていることも認識できた。


私たちは港区のビジョン・ワードに対する認識を深めたうえで、あらためて経済性・文化性・社会性というフレームを用いて、港区が自らのビジョンに込めるべき意味合いについての検討を行っていった。

経済的視点からの港区の価値は、まず、区民人口が増加していることだろう。少子化により、人口減少社会の到来が問題視されて久しいが、港区ではその状況は見られない。さらに、「アジアヘッドクォーター特区構想」が推進され、外資系企業の誘致が進むことで、ますます区民人口の増加に拍車が掛かることも予想される。

日本人のみならず、アジアをはじめとする多くの外国人が住む街だからこそ、その多様性を受け入れ、誰もが自分らしく暮らしやすいと思えるような都市になることが、結果としてさらなる人口増加、税収増加をもたらすという構造を目指せるポテンシャルがある。

また、社会的視点からみた港区の価値の根幹には、武井区長が推進する、5つの総合支所によるきめ細やかな地域行政があるだろう。

地区ごとの自治体制を構築することで、在来住民だけでなく、新たな住民のニーズを適切に汲み取った区政サービスを提供することが可能となる。また、外国人に対する行政サービスも手厚い。基本的なことではあるが、行政サービスの多言語化を推進することで、外国人であってもアクセス可能な社会インフラとしての行政を実現している。

ここに挙げたのはほんの一部の行政サービスであるが、在来住民、転入者、各外国人コミュニティそれぞれの暮らしやすさの支援をすることは、区政の本来の役目でもある。

文化性というと、行政とは少し遠いと感じるかもしれない。しかし港区は、行政サービスの一環として、港区の魅力を伝える情報発信媒体である「ハレノヒ」や「港区観光マップ」などを発行している。各区で提供しているコミュニティサロンなどの施設も行政サービスだ。

こうした施設では、区民向けに、暮らしを楽しむための講座などのサービスを提供している。今後、「参画と協働」が進んでいけば、区からの情報発信だけではなく、区民による港区固有の地域情報の発掘や、それを互いに情報発信しあうことも視野に入ってくるのではないだろうか（次ページ図6－2参照）。

以上の港区の持つ特徴・資源を踏まえて、私たちはビジョン・ワードの再解釈の意図を次のような一行にまとめた。

図6-2 | ビジョン・ワードは「やすらぎある世界都心。」

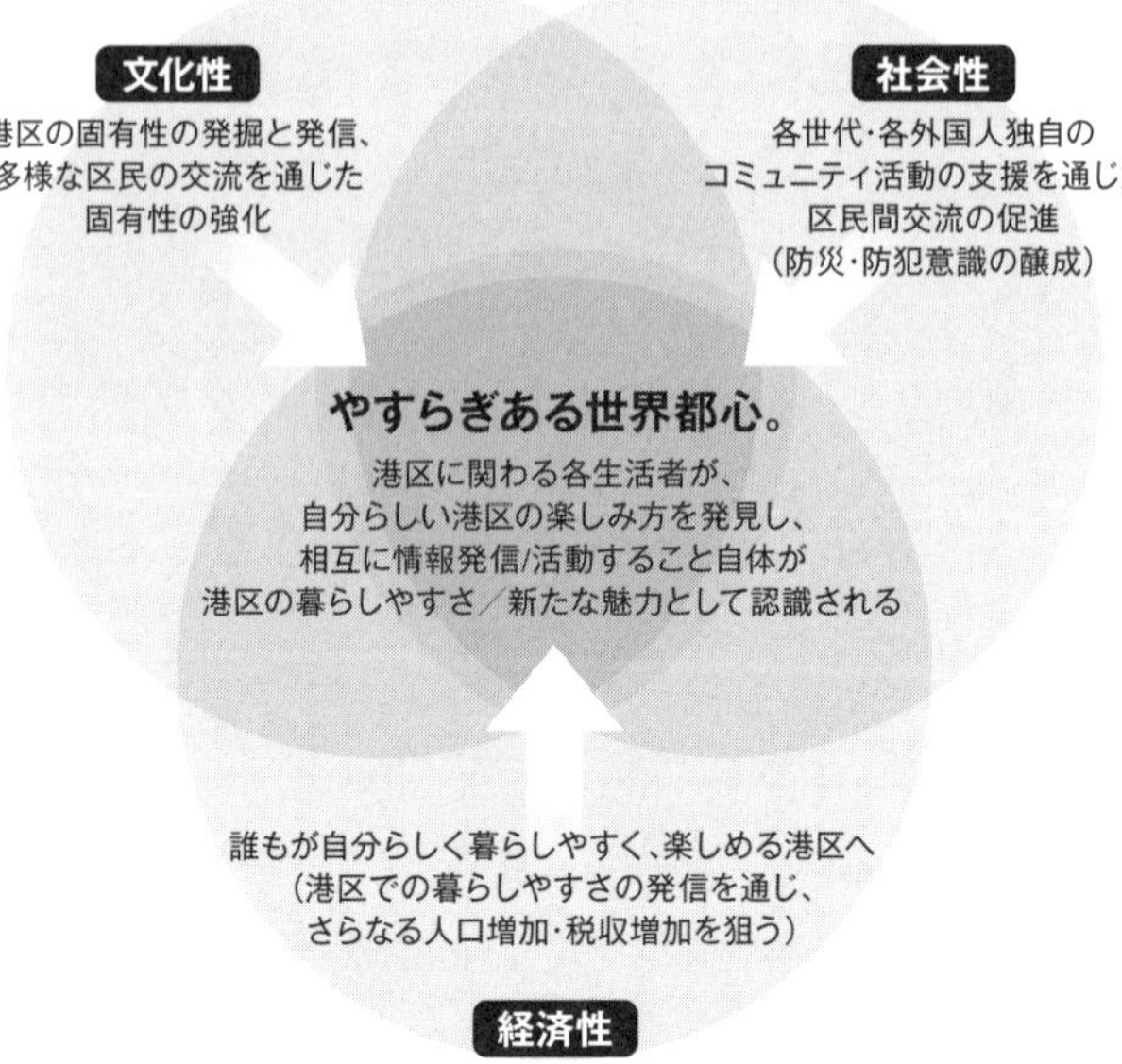
文化性
港区の固有性の発掘と発信、
多様な区民の交流を通じた
固有性の強化
社会性
各世代・各外国人独自の
コミュニティ活動の支援を通じた、
区民間交流の促進
(防災・防犯意識の醸成)
やすらぎある世界都心。
港区に関わる各生活者が、
自分らしい港区の楽しみ方を発見し、
相互に情報発信/活動すること自体が
港区の暮らしやすさ/新たな魅力として認識される
誰もが自分らしく暮らしやすく、楽しめる港区へ
(港区での暮らしやすさの発信を通じ、
さらなる人口増加・税収増加を狙う)
経済性

港区に関わる各生活者が、自分らしい港区の楽しみ方を発見し、相互に情報発信／活動すること自体が、港区の暮らしやすさ／新たな魅力として認識される

そして、この再解釈を踏まえつつ、ビジョン・ワードの2つの要素「やすらぎある」と「世界都心」の意味をもう一度定義しなおしてみる。

「やすらぎある」

外国人も含め多様な区民それぞれが身近なコミュニティに参加し、活性化することで、各区民に自分らしい「やすらぎ」を提供する。

「世界都心」

各区民の個別コミュニティの相互の情報発信・交流を促進することで、多様な外国人も集いやすい「世界の都心」として認識されることを目指す。

いずれの言葉も、現在のビジョン・ワードが念頭に置いている1つの大きな「港区民コミュニティ」や「グローバル・スタンダードなインフラを備えた世界都心」という意味合いをさらに昇華させている。

多様な港区民のコミュニティが活発に相互に交流していく状態を作ること、これが、各自が新たな視点で港区の魅力を発見し、港区民としての意識が高まっていくきっかけになる。

私たちは、こうした住民同士の情報交換と交流をビジュアル化してみることにした。他のプロジェクトと同様、生活者の日常シーンがどのように変化し得るのか、その将来像を可視化した。とくに議論した点は、コミュニティ間の交わりをどういったビジュアルで表現するかだ。

コミュニティの特性を表わそうとすると、港区らしい様々な情景が浮かび上がってくる。日常では、外資系のオフィスで外国人と打ち合わせする日本人の姿かもしれないし、公園を散歩する日本人の家族や外国人の富裕層かもしれない。休日には、イベントに集まる若い人や外国

やすらぎある世界都心。

ON OFF

ON OFF

人もいるだろうし、お祭りも在来住民だけでなく、若者も、外国人も参加して盛り上がる。右のように、多様な港区民が各自のやすらぎある暮らしを楽しみつつも、他の楽しみを持つ人々と交流する日常。これが港区の将来像だと、私たちはイメージした。

みんなが港区に関わる「MINA MINATOKU PROJECT」

では、こうした港区民の相互交流を促すには、具体的にどういったアクションが必要だろうか。他のプロジェクトとは異なり、港区に対しては、まったく新しい事業アイデアを私たちの観点から提言しなければならない。

ビジョン・ビジュアルを完成させた日から少し間をあけて、プロジェクトメンバー全員があらためて集合し、アクションについての議論に取りかかった。

「港区民は多様だからこそ、コミュニティ同士での横のつながりをどう作るかが重要になる。どうやって港区の『参画と協働』をテーマに、自分たちが住んでいる港区に、より深い興味と愛着を持てるようになるんだろう?」

「やっぱり、港区の住民や港区で働く人々それぞれが、自分の目線で港区の良さを発見してくれることが第一ステップなのでは？」

「それが相互に共有されていくことで、自分は港区に住んでいる、働いているという意識が生まれて、同時に、各自が普段意識しない港区という単位をもっと意識するきっかけになると思う」

「つまり、『みんなが港区に関わる』ということか」

「みんなが、港区……『ＭＩＮＡ　ＭＩＮＡＴＯＫＵ　ＰＲＯＪＥＣＴ』ってどうだろう？」

「いいね！『ＭＩＮＡ』を重ねて、『ｍｉｎａ　ｍｉｎａ　ｐｒｏｊｅｃｔ』とか、口にしやすい言葉にしたら、もっとイメージも広がっていきそう」

こうしてまず、プロジェクトタイトルが決まった。「ｍｉｎａ　ｍｉｎａ　ｐｒｏｊｅｃｔ」の具体的施策として、私たちは次の３つのアクション・アイデアを導き出した。

①ｍｉｎａ　ｍｉｎａ　Ｃｏｍｍｅｎｔ
②ｍｉｎａ　ｍｉｎａ　Ｆｅｓｔｉｖａｌ
③ｍｉｎａ　ｍｉｎａ　Ｃｏｎｔｅｓｔ

それぞれが、港区のビジョンに基づきながら、「参画と協働」を実現するアクションだ。それぞれ、1つずつ解説していこう。

①mina mina Comment

区民の「参画と協働」を最も端的に表したアクションである。港区限定の情報プラットフォームを作り、住民たちが自分で気づいた港区の日常を、そのプラットフォームで共有できる仕組み。スマートフォンやタブレット端末での利用を想定している。住民たちは「mina mina Comment」にフェイスブックなどのアカウントを使ってログインするのだ。

たとえば、「この信号いつも長くて動かないな」と気になっているスポットがあるとしよう。するとユーザーの住民はその情報を実際に地図上に書き込んでみる。書き込みを見た住民が、同じように感じていたら、その書き込みに「いいね!」をする。そうすると、街の問題点が浮き彫りになってくるのだ。

しかも、それを多言語対応する。それによって、普段は言葉の問題でコミュニケーションできない人々も、そのプラットフォームのうえで同じ情報を共有することができる。そうやって多様な人々が意見を交わしていく場が、ソーシャルプラットフォーム上にできてくる、というイメージである。

港区はタウンミーティングの実施などに積極的に取り組んでいるが、やはり「参画」へのハードルは高く、幅広い住民の参加を募ることは困難だった。また、日本語で行われるタウンミーティングは、日本語をあまり得意としない外国人にとっては、大きなハードルになっていたことだろう。

「ｍｉｎａ ｍｉｎａ Ｃｏｍｍｅｎｔ」の原型には、昔の地域自治を支えていた「回覧板」制度のイメージがある。

かつて、人々は回覧板をまわすことによって、同じ情報を共有し、また回覧板の受け渡し時に顔を合わせることでお互いを認識し合っていたはずだ。このプラットフォームでは、お互いの顔までは把握できなくても、たとえばログインをしていれば、それぞれの趣味などは見えてくる。そういったなかで、共通の話題を見つけていくことも可能だろう。

「ｍｉｎａ ｍｉｎａ Ｃｏｍｍｅｎｔ」は、「参画」と「協働」の２つの部分に寄与できる施策になっている。

②mina mina Festival

これは、大使館がひしめく港区だからこそのアクションだ。各大使館は個別に、バザーや料理教室などを開催しているが、それを一堂に集めて実施することで、より各国の文化に触れる

「mina mina comment」の可視化

ことができ、逆に自分たちの文化を見つめ直す機会ともなる場を提供する。

一般的には外国の文化に触れるという機会はなかなか作れるものではない。しかし、港区では、それを容易に作り出せる可能性がある。

情報を集約することでの発信力の強化という側面も大きい。個別の大使館ごとでは、いつ、どこで、何を開催するかといった情報を広く区民に向けて発信することは困難だ。どうしても、知っている人や近くの住民までしか情報が届かず、参加メンバーも固定化していきがちである。

私たちは、そこで埋もれてしまっていた魅力を、港区全体の問題として昇華させようと考えた。ある一定の規模になれば情報の拡散力も大きく変わってくる。２０１４年3月現在、82ヵ国の大使館が港区内に存在しており、もしすべての大使館が出展をしてくれれば、その光景はきっと圧巻だろう。

その情報は港区を越えて、東京、日本全国にも広まり得る。そうして、港区の「多様な文化に触れあうことのできる世界都心」としてのイメージを確立していくことにつながるであろう。

古くからの住民もこうしたイベントに参加して、大使館の人々に触れあっていくことで、外国人住民に対する不安も自ずと薄らいでいくのではないか。多様な人々が住んでいるからこそ、不安を感じている人々が少なからずいるとすれば、こういったイベントに参加することで、逆にそれが魅力になっていくのだ。

③mina mina Contest

これは、タブレット端末のプラットフォームを使って行う写真投稿コンテストである。「市民参加型」と「プロ参加型」の大きく2つの部門で構成されている。

「市民参加型」とは、その名の通り、実際にその土地に住んでいる人が、自分の好きなスポットの写真を投稿する、というものである。現在はスマートフォン所有率が大幅に向上したこともあり、気になることや景色を撮影し、それをソーシャルメディア上でシェアすることが一般的になりつつある。

港区内には、これまで述べてきたとおり、数多くの歴史的な建物や公園などがあり、そこには、様々な撮影ポイントが存在しているはずである。まさに住んでいる人にしかわからない、自分が好きなポイントをプラットフォーム上でシェアできる施策である。

すでに、港区観光協会が「港区観光フォトコンテスト」を開催しており、この施策をより簡便に、いつでも誰でも参加できるように裾野を広げることが狙いである。

同時に実施される「プロ参加型」の特徴とは何か。

実は、ここ港区は、数多くの日本有数のクリエイターたちが事務所や自宅を構えている地域である。その有名クリエイターたち、とくにプロの写真家たちに、市民と同じように自らが好きなポイントを撮影してもらい、プラットフォーム上で紹介する。港区内のできるだけ広いエリアに出かけてもらう。プロの写真家が撮れば、市民とは別の魅力を捉えることができるはずである。港区の人々はその魅力的な土地を、プラットフォーム上で知ることができ、また地図を見ながら実際にその場所に行くことができる。

自分で撮った写真を共有すると同時に、自分も新たな港区の魅力を誰かの写真を通じて知る、そうすることで、港区という土地を再度意識させることが、この施策の狙いである。

こうして港区に提案するプランの内容が固まった。いよいよ武井区長へのプレゼンである。

「港区民」という意識を高めるきっかけにしたい

「私たちの広報活動って、どうしても、断片的になってしまうんですよね。いつもそこが課題です」

武井区長は、私たちのプレゼンテーションを聞いた後、港区の地図をテーブルに広げながらそう言った。

「私たちもこうして、港区内の観光地図を4ヵ国語で作っています。それぞれ、AR（拡張現実）機能で見所を紹介していたりと、がんばってはいるのですが、思い入れほどには広まっていない」

日本語のほかに英語、中国語、ハングルで対応しているようだ。

「行政が作っていることもあり、どうしても個性がなくなってしまうんですよね。ですが、今日のご提案いただいた『ｍｉｎａ ｍｉｎａ Ｃｏｍｍｅｎｔ』のような、住民の方が紹介している情報の中から文化的なものだけを抽出する、といった情報発信のあり方は、これまでに行政にはなかった観点です。地図1つとっても、もっともっと個性のあるものになるといいと思っています。そのためにも、こうした皆さんが参加しやすくなる仕組みを作るなど、行政からの働きかけも必要ですね。

『ｍｉｎａ ｍｉｎａ Ｆｅｓｔｉｖａｌ』もおもしろいですね。今も区の施設で、大使館員の奥様たちが各国の料理教室を開いてくださっているんです。こういったものを、まとめて開催するというのはいいですね。港区のＰＲとしても非常に有効だと思います」

無事にアクション・アイデアを気に入っていただけたようだ。私たちは続けて、今回のプロジェクトで終始意識した「参画と協働」というテーマについて、区長自身がどのように考えているかを尋ねてみた。

「区政への意識や、区民意識は、いきなり作ることは難しいんです。だから、まずは身近な関心から呼びかけていく必要があると思っています。

ここ数年、『港区』という地名のブランド力が上がってきていると感じます。たとえば、麻布・青山・六本木といった地名が紹介されるときには、必ず『港区の麻布エリア』『港区の青山エリア』『港区の六本木エリア』など、頭に『港区』という言葉がつくようになってきました。『港区』という冠に魅力を感じている方がいるのは本当にうれしいことです。

こういった住民1人ひとりの方が感じている港区の魅力を共有していただき、それを行政としてもさらに高めていくことで、暮らしやすさ、魅力をより増やしていきたいです。魅力があれば、少しずつ『港区民』という意識が高まっていくと考えています」

さらに、これからの区政についてもうかがってみた。

「実は、東日本大震災以降、外国人の方々の人口は減ってきています。しかし、相変わらず他の区に比べて多いことは変わらないですし、ご指摘のとおり、国籍は多様で、昼夜問わず様々な方がいらっしゃることも事実です。また、そういったなかで今後は、若年層、とくにお子さんの数が増えてくると思っています。

そうした新しい人の動きがあるなかで、住民の生活の質と安全をどう高めていくのか、また産業をどう活性化させていくのかに取り組んでいきたいと思っています。アジアヘッドクォーター特区構想も進んでいき、今後外国の方ももっと増えてくるはずですから、それを当たり前の状態だと考えて、その中で交流・協働の基盤を作っていきたいと考えています」

今回の私たちの提案は、武井区長も、大澤課長も、横尾区議も、皆が喜んでくれた。

この内容の具現化には、まだまだ多くの検討と調整が必要にはなるだろうが、港区の現状を再認識し、ビジョンからアクションまで一貫して可視化させたことで、港区の未来の暮らしへと一歩近づいたことは間違いないだろう。

港区で働く私たち自身が、港区の魅力を再認識するためにも、引き続きこれらの施策の実現を目指して、港区に働きかけていきたいと思っている。そのときは、「絶対に実現させましょうね！」という横尾区議の力強い声が、なによりの後押しになりそうだ。

第7章

デザインを経営に取り入れるための6つのステップ

ここまで、経営にデザインを活用する方法を、3つのプロジェクト・ドキュメントを通じて紹介してきた。

本書の目的は、読者の方々に、こうした方法論を用いて、自社・自組織の目指すべきビジョンをより正しい方向に据え、その実現に向けて継続的、かつ自走的に様々なアクションを行っていただくことにある。

ただ、一般的には、ここまでのデザインの活用の仕方は難しい、専門家しか取り組めない創造的なことのように見えてしまう懸念があるかもしれない。

そこで本章では、皆さんが自分で取り組むうえで、活用可能な方法論とその継続的な活動に向けて望ましいチームのありようを提案したい。

ビジョンに必要な発想法

「デザイン」という言葉を聞いたときに予想されるのは、普通の人にはない絵を描く技術やセンス、斬新な発想をするといったイメージではないだろうか。

しかし、会社の向かうべきビジョンやそれを具現化するためのアクションを構想することは、誰もが取り組めるデザイン行為であると言える。「構想する」という言葉を置き換えると、自分の会社が向かうべきビジョンとアクションについて自分なりの考えを発想する、ということになるだろう。しかし、大小を問わず、創造的な試みに乗り出す前には、ある種の勇気を奮い立たせる必要がある。

私たちは、これまでのプロジェクトの経験から、創造力をまったく持っていない人はいないと感じている。発想するための適切な視点と、思考を整理するためのプロセスが明確で、「もし、こうだったら」や「どうやって」といった言葉にほんの少しの勇気を後押しされれば、誰でも創造的なアイデアを出すことができるのだ。

自分なりの考えを発想することは、生まれてから誰しもがやってきていることでもある。

そして、次の3つの行動こそが、発想する際に基本的に踏襲されるプロセスである。

①事実を見る
②選択する
③選択を組み合わせる

事実を見る。

これは、新たなアイデアを発想することとは真逆に感じるかもしれない。しかし、事実に根差さなければ選択肢が生まれない。

たとえば、ランチを食べにいくときに、どんな選択肢が周りにあるのかを把握することは、誰でもが行っていることだ。中華料理店はあるけど、和食はない。しかし、イタリア料理とスペイン料理はある。そうした事実認識のうえで、自分が取り得る行動が生まれてくる。

選択する。

人生は選択の連続であるという言葉にあるように、選択とは、人間であることの基本的な機能だ。誰しもが、着るもの、見るものを選び、食事を大盛りにする（しない）などをいつも選択している。ランチの店選びでも同様である。どういうお店が身近にあるか、という事実のあとは、どれを選ぶかを考える。それは、自分の好みや予算であったり、新しいお店であったり、良い雰囲気であったり。様々な視点でいつも1つのことを選択している。

選択を組み合わせる。

そして、この単純な選択から様々な反応が生まれていく。意識的に選択を組み合わせていくことで、自分なりの考えが構築されていくのだ。

たとえば、中華料理店を選び、そこでさらに食べたいものを選ぶ。チャーハンなのか、坦々麺なのか、店を選んだときと同じような視点で選んでいく。食後にコーヒーを飲むという選択も組み合わさるかもしれない。当たり前のことであるが、それによって今日のランチで何を食べようと思うのか、というあなた独自の考えができ上がるのである。

日々、誰もが何かに対する自分の考え方を持ち、行動している。あなたの日々の関心の対象を、「ビジョンを創る」というテーマに振り向けることで、新たな発想が生まれてくるかもしれない。

もちろん、事実を見ることからすべての発想が生まれるわけではない。逆に、欲しいと思うことをすべて盛り込んでリストを書き出し、そこから、どういう選択肢が必要なのか、事実としてその選択肢があるのかを考えることもできる。

実際には、人間の思考は行ったり来たりしながら自分の考えを構築することになる。

あなたが会社を変えるために、まず必要なのは、自分でもできる、という感覚を少しでも掴むことである。次に必要になるのは、発想の質を高めるための思考の視点とプロセスである。

ビジョンを創造し、事業活動に落とし込むための方法論

ここでは、プロジェクト・ドキュメントで行った私たちの思考法やプロセスのエッセンスを抽出し、読者の皆さんが実際に取り組むうえでの理解を深めてみたい。

図7-1 | 構想と形の循環

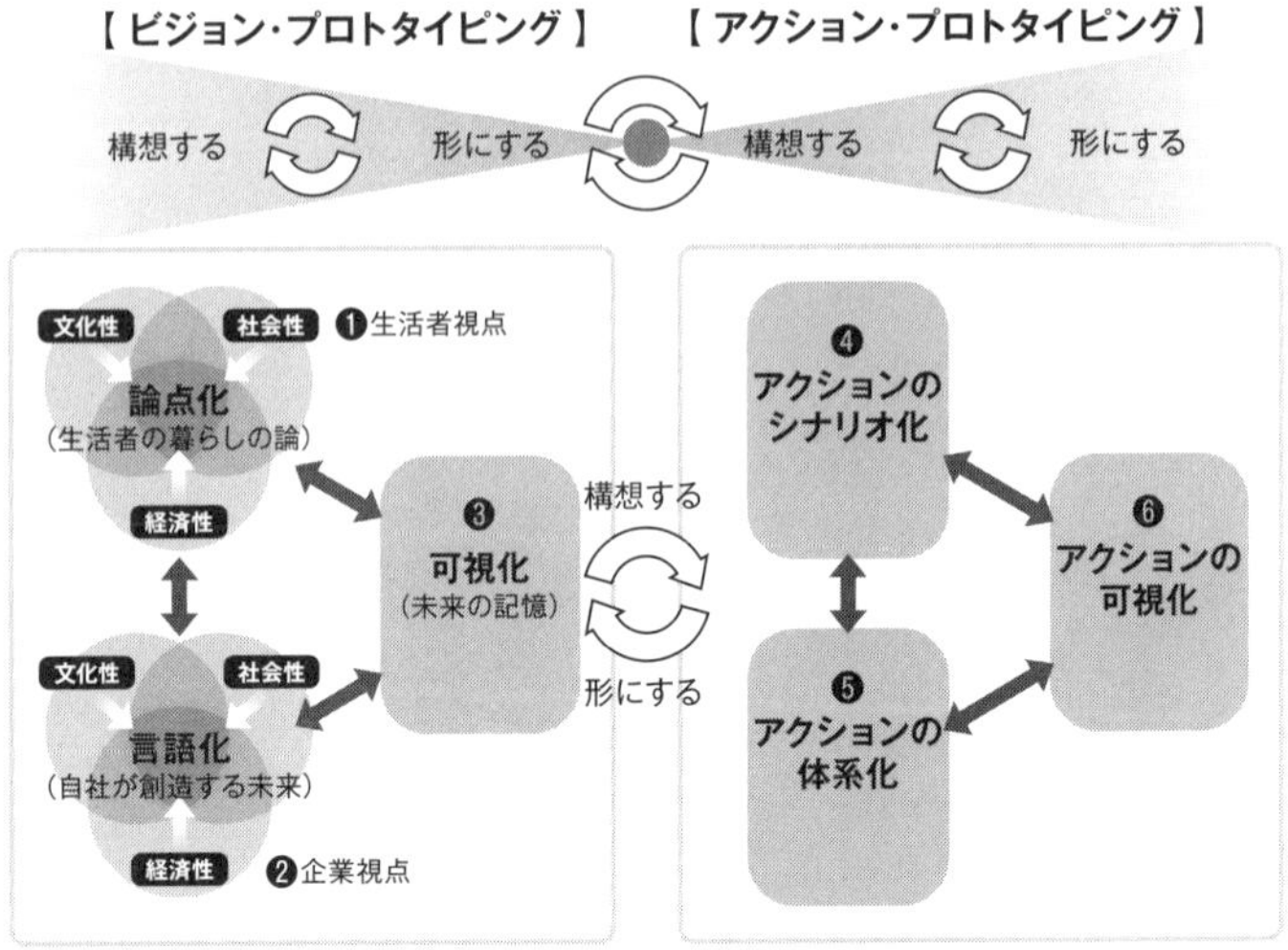

もう一度、第3章で説明したビジョンとアクション創造のプロセスを振り返ろう。

プロジェクト・ドキュメントでも実践しているプロセスであるが、大きくは、中長期的に創り出す未来像（ビジョン）を考える「ビジョン・プロトタイピング」と、そのビジョンを達成するための行動（アクション）を考える「アクション・プロトタイピング」の2つのステップに分かれる。

そして、これらの「ビジョン」と「アクション」の検討においては、「構想し、形にする」というデザインの思考方法を活用する。すなわち、検討内容を言葉だけにとどめず、可視化し、思考を形にしながら改善していくことが、まだ世にない自社らしいビジョン、自社らしいアクションの検討に有効である（図7−1参照）。

ここからは、より具体的に、ビジョンとアクションの検討を実際にどのように行うのか、その検討のためのプロセスと持つべき視点を共有していきたい。

ビジョン・プロトタイピングの3つのステップ

ビジョン・プロトタイピングは、自社らしい「経済性・文化性・社会性の最適解」を構想し、可視化するフェーズだ。経済性・文化性・社会性という3つの視点から、その中心にある最適解を導出するトリニティ・モデルを活用することで、思考を深める。

これは、大きく次の3つのステップで構成される。

①論点化（生活者の暮らしをより良くするための論点の特定）

まず、自社が属する産業と関わる生活者の暮らしを俯瞰するところから、ビジョンの検討は始まる。

私たちが提言するビジョンは、自社の思い込みではなく、生活者と共有できる内容でなければならない。そのため、必然的に生活者の暮らしに自社がどのように関わるべきなのか、その接点を模索する必要がある。

重要なのは、単なる「消費者」ではなく、「生活者」として捉えることである。

顧客、消費者は、経済的な生活だけをしているわけではない。買物をするだけでなく、家族と過ごしたり、自分で部屋をコーディネートするなど、日常生活にも文化的な側面がある。また、地元の町内会に参加することで社会に参画したり、世の中の問題に対する自分なりの主義主張も持っており、社会的な側面も大きい。

つまり、消費者ではなく生活者、すなわち全人的に暮らしを捉え、より広い視野を持って生活者と共有できる自社との接点を模索する必要がある。

そのためにも、自社が属する産業と関わるのはどういった生活者か、代表的な生活者像をイメージしなければならない。さらに、その人の暮らしにおいて、自社が属する産業はどのような関わり方をしているのか、人の視点に立って、認識を棚卸しすべきである。

その際に、経済性・文化性・社会性という視点から見たトリニティ・モデルを活用することで、包括的な理解が可能となる。

発想するうえで、「事実を見る」ことが重要であることは前述したとおりだ。ここでも、生

図7-2 | 3つの視点で論点を明らかにする

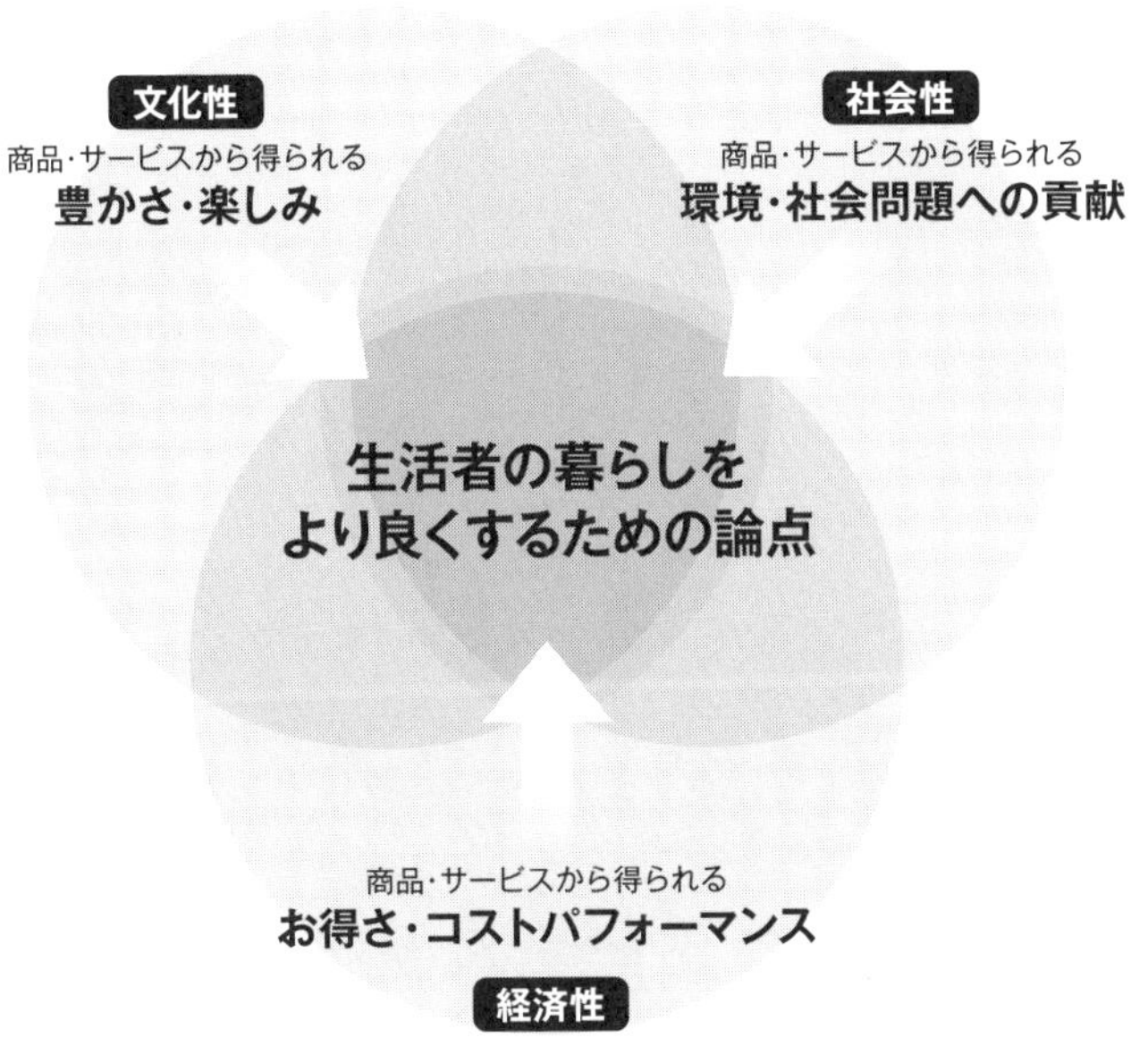

活者の認識を理解するには、既存統計データや定量調査、定性的なヒアリングなどの手法を活用することが望ましい。ただ、自分自身がビジョンを創るためには、まず、自分が生活者になりきって思考してみることも重要な手法だ。

図7-2にも明記したように、経済性については、その産業が提供している代表的な商品・サービスが生活者に対して、どのようなお得さ・コストパフォーマンスを提供しているか、文化性では、どのような暮らしの豊かさ・楽しさを提供しているか、社会性では、環境や社会に対してどのような貢献をしているか、という観点で生

活者の認識を棚卸しする。

そして、3つの視点で認識を棚卸ししたうえで、中央には、その産業があることで生活者の暮らしをより良くするための論点として昇華する。

たとえば、新たなコーヒーチェーンを展開しようとする企業を想定して、具体的に検討してみよう。

コーヒーチェーンと言えば、すでにスターバックス、ドトールなど様々な企業が日本市場を占めている。その次にどのようなコーヒーチェーンがあり得るのか？　先ほどの生活者の意識を包括的に洗い出すフレームワークを活用すると次のような論点が浮かび上がる。

今のコーヒー業界が提供しているコーヒーの楽しみ方も良いが、やはり大規模なチェーン店であるがゆえのマニュアル、効率化は避けられない。しかし、日本には以前からオーナーが丁寧にコーヒーを1杯ずつ淹れる喫茶店という業態もあった。今のコーヒーを飲む体験と味に対して、より付加価値を見出す生活者が存在する市場であれば、大規模なチェーン展開とは違ったコーヒー文化のありようが潜在的には求められているのではないか（図7－3参照）。

もちろん、産業ごとの外部環境の違いや対象となる生活者の違いによって、3つの視点のいずれかに力点を置いた論点になることはあるだろう。しかし、できるだけ3つの視点を包含する論点とすることで、生活者にとってより複層的で重要な論点を見出すことができ、結果、次のステップで検討する自社のビジョンに共感できる可能性が高まっていく。

図7-3 | コーヒーチェーンの論点化

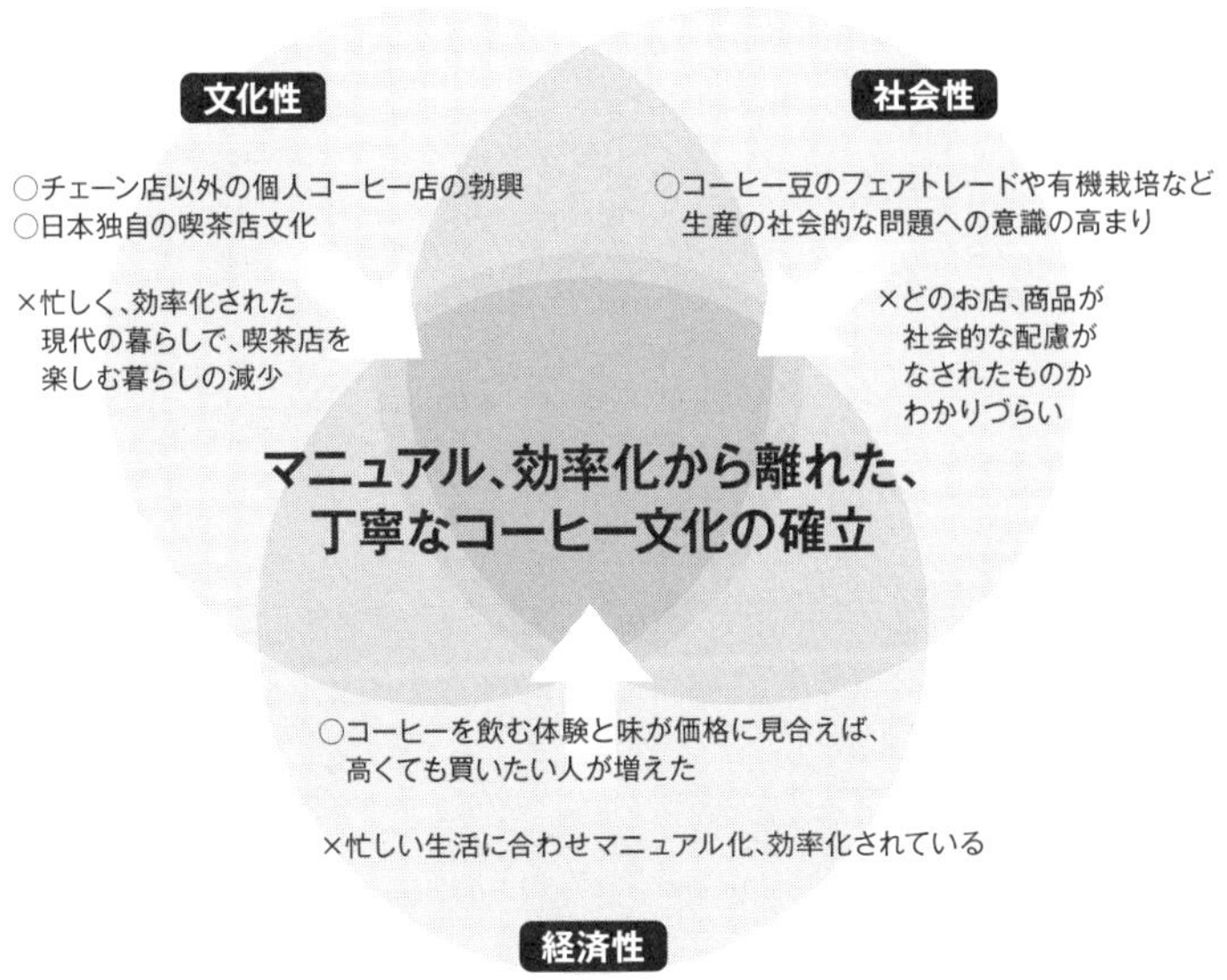
文化性
社会性
○チェーン店以外の個人コーヒー店の勃興
○日本独自の喫茶店文化
○コーヒー豆のフェアトレードや有機栽培など
生産の社会的な問題への意識の高まり
×忙しく、効率化された
現代の暮らしで、喫茶店を
楽しむ暮らしの減少
×どのお店、商品が
社会的な配慮が
なされたものか
わかりづらい
マニュアル、効率化から離れた、
丁寧なコーヒー文化の確立
○コーヒーを飲む体験と味が価格に見合えば、
高くても買いたい人が増えた
×忙しい生活に合わせマニュアル化、効率化されている
経済性

②言語化（自社が創造する未来の導出）

生活者の暮らしをより良くするための論点を把握することで、自社のビジョンを策定するための素地は整った。次は、その論点に対して、自社がどのような未来を築いていくことが最適な答えになるのか、生活者に対して自社が創り得る未来像を提示するのだ。

誰もがこの「ビジョン・ワード」を導出できるようになるうえで、言葉としての洗練は重要ではない。重要なのは、どのような未来像を描くか、というその内容である。

第2章でも紹介した成熟社会という概念を提唱した物理学者デニス・ガボールは、未来についても良い言葉を残している。

「未来を予測する最も良い方法は、未来を創り出すことである」

ここで私たちが前提としている考え方は、この言葉に集約されていると言える。未来は可塑的であり、自分たちが意思を持って能動的に活動し、外部環境に働きかけることで望ましい未来を創り出すことができるのである。

未来は、様々なイノベーションの登場や外部環境の変化により現在から飛躍している可能性もある。しかし、ここで策定すべきビジョン・ワードは、あくまでも未来の方向性であり、自社が生活者と共有する「価値」である。

将来的に技術や自社の商品・サービス自体は大いに変化していくだろう。一方、その技術や商品・サービスが生活者・社会にもたらそうという「価値」自体は普遍的である。

将来にわたって、生活者があなたの会社を支持し続けるとしたら、個別の商品・サービスが魅力的だから、という理由だけではないはずだ。あなたの会社が自分たちの生活にどのような価値を提供し、生活をその方向性でより良く変えていこうという意思に対して共感するからこそ、持続的な支持が得られる。

もちろん、未来への意思は、これまでの事業活動や培った経営資源にも潜在的に含まれている。だからこそ、自社が生活者に対して築いていく未来を考察するにあたって、まず現在の事業活動と経営資源を俯瞰し、そこから読み取れる事業の方向性を抽出するのである。

その際、生活者の論点と同様に、自社の事業活動や経営資源についても、3つの視点で棚卸しすることで、生活者の包括的なより良い暮らしに向けた論点に応えられる確度が高まる。

経済的な観点だけで未来像を構築するのであれば、生活者の暮らしの社会的・文化的側面には応えられないだろう。生活者の暮らしに包括的に関わり、持続する共感を得るためにも、トリニティ・モデルに従って、3つの視点で棚卸しすることが重要となるのである。

次ページの図7−4にも示したように、自社の事業活動を永続させながら、生活者のお得さやコストパフォーマンスに対する要望を満たすことが求められる。そのため、生活者の経済的な要望を持続的に満たすためのビジネスモデルや事業領域の検討を行う。現在の事業領域からの拡張が必要な場合もあれば、ビジネスモデル自体を再検討し、持続的な事業活動のありようを模索することが重要になる。

一方、文化性は、生活者が自分の暮らしをより豊かで楽しいものとするために、自社ができることを明記する。つまり、生活者から対価を得るうえでの、付加価値の源泉を規定することになる。

これまでの自社の商品・サービスなどを振り返って、生活者の暮らしに豊かさ・楽しさをまったく提供していないということはないだろう。たとえBtoBビジネスであっても、ビジネス顧客に対して商品・サービスの背景にある、何らかの豊かさや価値観を有している。これら

図7-4｜3つの視点で「ビジョン・ワード」を導く

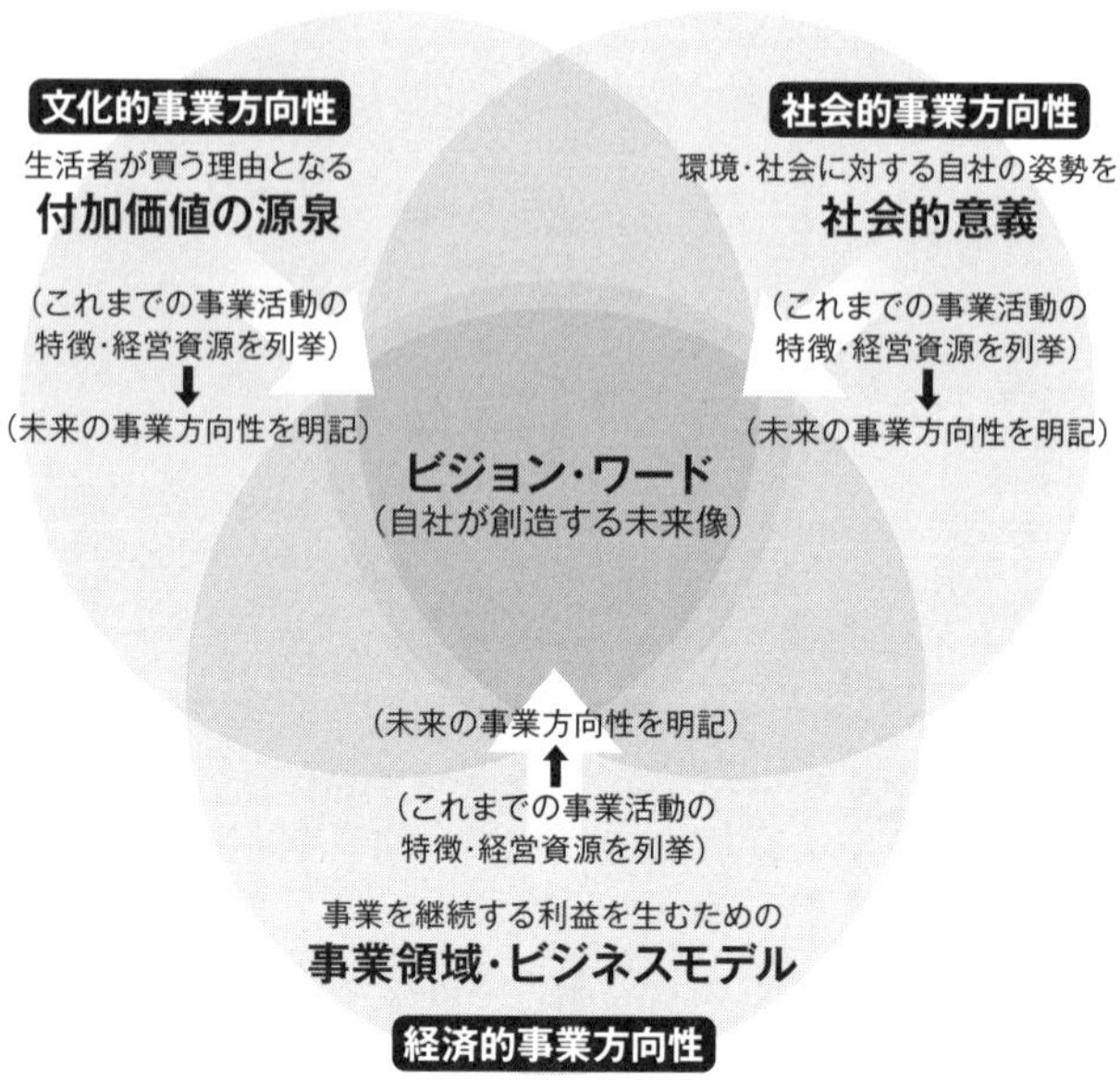

を棚卸ししたうえで、文化的な事業方向性を導く。

そして、社会性は、環境・社会に対する自社の事業活動の姿勢を棚卸しする。本業や商品・サービスにおいて実践している、環境・社会への貢献活動から社会的意義を抽出することが望ましい。しかし、日本においては、CSR活動の一環として活動が行われていることも多いため、そうした活動もここに列挙し、それらの活動に込められた環境・社会に対する姿勢・考え方に根差して、未来の社会的な事業方向性を検討していく。

自社のビジョンを言語化するプロセスを、先ほどの新たなコーヒーチェーンを想定して、再現してみたい。

生活者のコーヒーに対する意識を振り返ると、マニュアル、効率化を離れたコーヒー文化を楽しむという暮らしが求められている可能性がある。この企業では、そうした新たなコーヒー文化として、オーナーの顔が見えないチェーン店ではなく、オーナーや店長個人の1杯のコーヒーへのこだわりを前面に打ち出したコーヒーチェーンを模索している。

1杯ずつドリップする丁寧なコーヒーと、丁寧な淹れ方、コーヒー豆の品質などにこだわり抜く。その結果、大型かつ画一的なチェーン展開は難しいかもしれないが、そもそもそうした画一的であることを価値とせず、エリアごとに異なるフードメニューや店舗設計を許し、地域と店長のこだわりを前面に押し出した中規模のチェーン展開を狙う。

この企業のビジョン・ワードを、「1杯で、心からの笑顔を。」として導出した。

オーナーも、店長も個々人の人生で培われてきた価値観・審美眼がある。それをコーヒー、店舗、そこで提供されるサービスすべてに反映することで、店を運営する1人の人生がそこに表現される。同時に、そのこだわり抜いた価値観が生活者に対する価値にもなる。

1人ひとりに1杯ずつドリップする丁寧なコーヒーを提供することで、生活者の心からの笑顔を得られるのだ（次ページ図7－5参照）。

なお、このビジョン・ワードを検討する際、未来像をたとえば10年後の「ゴール」として策定しないことが望ましい。

図7-5 コーヒーチェーンの言語化（ビジョン・ワード抽出）

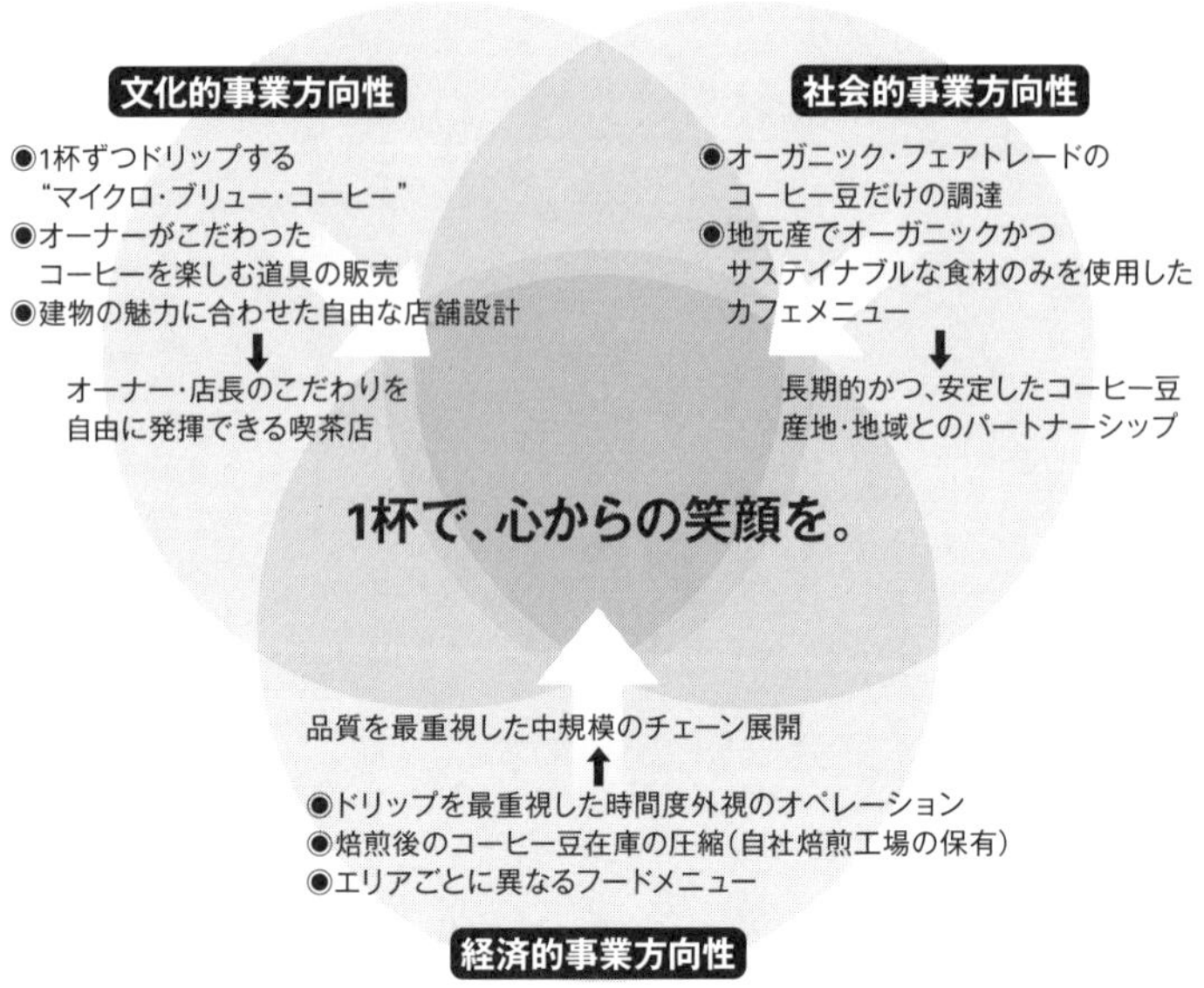
文化的事業方向性
◉1杯ずつドリップする
"マイクロ・ブリュー・コーヒー"
◉オーナーがこだわった
コーヒーを楽しむ道具の販売
◉建物の魅力に合わせた自由な店舗設計
オーナー・店長のこだわりを
自由に発揮できる喫茶店
社会的事業方向性
◉オーガニック・フェアトレードの
コーヒー豆だけの調達
◉地元産でオーガニックかつ
サステイナブルな食材のみを使用した
カフェメニュー
長期的かつ、安定したコーヒー豆
産地・地域とのパートナーシップ
1杯で、心からの笑顔を。
品質を最重視した中規模のチェーン展開
◉ドリップを最重視した時間度外視のオペレーション
◉焙煎後のコーヒー豆在庫の圧縮（自社焙煎工場の保有）
◉エリアごとに異なるフードメニュー
経済的事業方向性

むしろ、自社が創りたい「未来の方向性」として策定することが重要である。未来像をゴールとして固定化すると、それを実現するための事業活動が、より明確になるというメリットはあるかもしれない。一方で、多様な社員が未来像を自己解釈することで生まれ得る、まったく新たな事業活動の可能性が狭められてしまうリスクもある。

企業経営とは、将来の予測できない外部環境に常に柔軟に対応しながら、目指すべき未来像に向けて最適な事業活動を検討していく継続的なプロセスである。この過程で、会社を構成する従業員が未来像に共感し、そのときそのときの外部環境に柔軟に対応しながら、個々の業務範囲で未来像の実現に向けた活動を行っていく、というダイナミズムを生むことが、経営者にとっても重要であろう。
ビジョンは、未来像の方向性であり、組織のあらゆる部署での事業活動の核となって、経営を動かすエンジンとなる。

③可視化（自社が創造する未来のビジュアル化）

ビジョン・プロトタイピングの3つめのステップとして、自社が創造する未来を言葉で表現するだけでなく、その未来像を、写真のコラージュやイラストなどを活用し、可視化する。未来の姿を具像化し、一度現実世界に置いてみることで、未来の方向性を検証し、その精度を高めることができるのだ。

目の前に、自社の未来像が見える。それによって、ビジュアルが見る人の思考を刺激し、その意味や、そこからどのような展開が起こるのかなど、その先にあるストーリーを考える力学を生む。そのビジュアルを見ることによって、さらにリアリティが高まり、実現するための考えや、その未来の持つ世界観・雰囲気についての考えが浮かんでくるのだ。

その考えをまたビジュアルにフィードバックし、精緻化することで、ビジョンの方向性と解像度が高まっていく。

可視化の効用は、未来像が精緻化されるだけではない。

可視化することによって、経営者の頭の中にあるイメージを社員で共有でき、言葉だけでは伝わらないその未来の持つ意味合い、雰囲気などを伝えることができる。言葉の解釈の幅によらず、全社がまさに同じベクトルを向いてその実現にまい進することができるのである。

ただし、同じ方向を目指すからといって、そのビジョンを実現するためのやり方まで画一化することはない。そのビジュアルが表す未来像を実現する事業や商品・サービスには様々なやり方があって当然であり、多様性を持つこと自体が経営としての強度を生む。

可視化されたビジョンを見る社員は、「その世界をどうやって実現するのか?」と自然と問いが生まれ、その問いが自分に向くことで、全社の各部署が実現するための方法論を考え始める。ビジュアルが社員の思考をドライブし、それによって経営が動くのだ。

ただし、こうした効用を得るためには、文字通り経営者の頭の中のイメージを可視化する作業が必要となる。誰もが絵を描けるわけではない。ここで必要なのは、できるだけ簡単にビジョンを可視化するフレームワークであろう。

たとえば、「未来の記憶」というフレームワークを用いることで、可視化が比較的容易に進む。「未来の記憶」とは、自社が描く未来の一時点においてテレビ・新聞・ウェブなどで自社が報道された記事のイメージを作るワークである。できるだけ具体的にその報道記事を描くために、日時や報道タイトル、またその報道で用いられる1枚のキービジュアルも用意する。そして、

図7-6｜「未来の記憶」による可視化

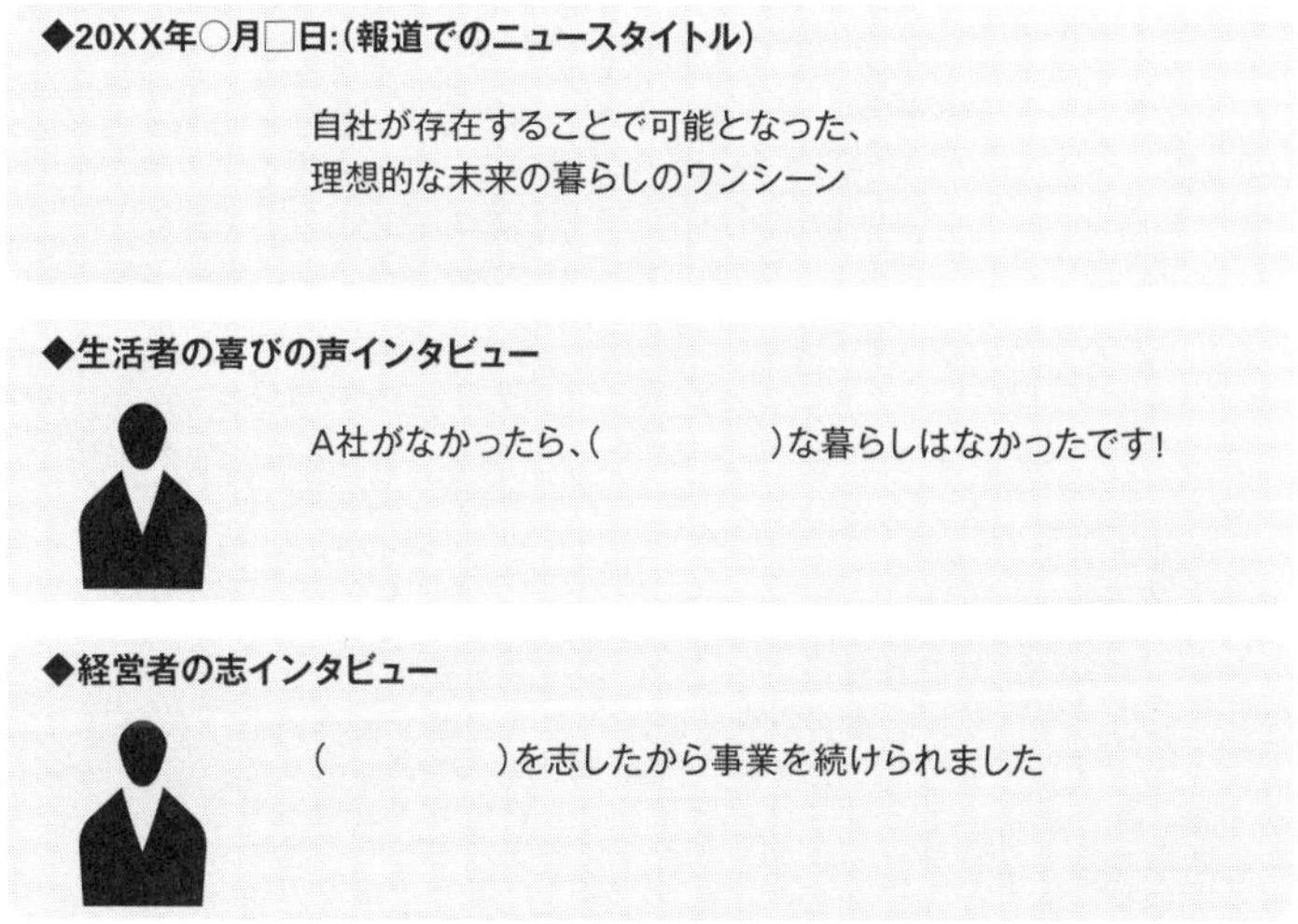
◆20XX年○月□日:(報道でのニュースタイトル)
自社が存在することで可能となった、
理想的な未来の暮らしのワンシーン
◆生活者の喜びの声インタビュー
A社がなかったら、(　　　　)な暮らしはなかったです!
◆経営者の志インタビュー
(　　　　)を志したから事業を続けられました

このキービジュアルでは、自社が存在することで可能となった、理想的な未来の暮らしのワンシーンを切り取る（図7－6参照）。

その際、重要なのは、生活者・社会との関わり合いがあるシーンでなければならない。

ただし、このシーンは、新たに一から作成しなくとも構わない。ウェブサイト上にある生活者の写真や、暮らしの写真など、経営者が想像するイメージに近い写真を検索し、コラージュとして貼りつけることで、イメージの共有度が上がっていく。

また、生活者を具体的にイメージするために、未来の記憶の報道インタビューを受けている生活者の喜びの声も

図7-7 | コーヒーチェーンの「未来の記憶」

◆2035年4月1日:コーヒーに刺激されて生まれた仕事

親と一緒に身近な店舗に来ていた少年が成人して、
このコーヒーから刺激を受けて起業したシーンを想定
（コラージュ写真は、朝や夕方に親と一緒にお店に来る子ども）

◆生活者の喜びの声インタビュー

こだわりのある仕事の素晴らしさ。自分が信じることを妥協のない完成度と楽しさというフレーバーで提供することが人々の心を動かすということ。このコーヒーとともに育ったことで、自分がこだわりを持てることを仕事にする楽しさがわかりました。

◆経営者の志インタビュー

一度は、違う道で挫折しながらも、その道とは違うコーヒーで成功しました。人生は自分の思い通りにはならないものです。しかし、最後は自分がどう生きたいのか、という価値観を好きなものを通じて表現すること。それだけが人に共感してもらえることだと思います。

記述する。

　未来の生活者の写真とともに、その企業が存在することでどのような暮らしが実現できているのか、また、そのような暮らしを提供するために、経営者はどのような志で事業を創造し、継続してきたのか、記者からのインタビューへの回答という形で記述する。

　先ほどのコーヒーチェーンでも、同じように未来の記憶を創ることができる（図7―7参照）。

　様々な生活者の心に寄りそいながら、1杯のコーヒーを提供していくとどんな未来が生まれるのか。人々がコーヒーを飲む時間の楽しみ方が変わるということは当然あるだろう。しかし、本当のファンが生まれれば、実はその事業が提供しようとしている1人の人生のこだわり、価値観を販売する、というビジネスの素晴らしさに共感するのではないか。

たとえば、近所に住む家族が日々お店に一緒に通ううちに、子どもも成長する。成長する過程で、このコーヒーを生みだす企業のビジネス自体の素晴らしさに気づくこともあるだろう。もしかしたらそこから、自分たちと同じように、自分の持つ価値観を好きなものを通じて表現した、ビジネスを起業するかもしれない。自分たちの人生から生まれたコーヒーが人の人生を形作っていくかもしれない。

これらの要素が埋まることで、自社が創造する未来が可視化され、そこに込められた生活者の暮らしや経営者の志などの意味合い・背景も共有できるようになるのである。

アクション・プロトタイピングの3つのステップ

アクション・プロトタイピングは、ビジョン・プロトタイピングで検討した未来を実現するために必要な行動を設計するフェーズだ。

自社の中長期の未来に思いを馳せながら、その未来像を現実化するために必要な事業活動、商品・サービスの発想を膨らませつつ、肝となるアクションの精緻化を行い、それを実行可能な活動のリストとして優先順位をつけ、アクションの体系化を行う。

アクション・プロトタイピングは、次の3つのステップで構成される。

④シナリオ化（未来の理想的な1日から必要な活動を逆算する）

自社が創造する未来を実現するために、何を、どういうシナリオで行うかを設計する。

もちろん、自社が社会や生活者と共有可能な未来像を実現するうえでの活動には多様性があるため、1つの活動に絞る必要はない。むしろ、このシナリオ化の段階では、全社の各部署の個々人が、同様の問いを自分に投げかけることで多様なアクション案の創出を狙う。経営陣や経営企画の一部の人間で自社の未来を創るのではなく、全社を挙げて、意思がある人間が未来を創る活動へと参画することが必要だ。

ただ、できるだけ多くの社員がアクション案を創出するには、現業から飛躍した発想を持つ必要がある。そのため、アクション案の創出においては、ビジョンとの一貫性を持つべく、「未来の記憶」で策定した未来の生活者の暮らしのシーン、喜びの声を起点に、自社が必要な活動を逆算することで発想を膨らませる。

まず、未来の記憶で切り取った理想的な暮らしの1シーンを、想像することから始める（図

図7-8 未来の暮らしで逆算する「アクション・シナリオ」

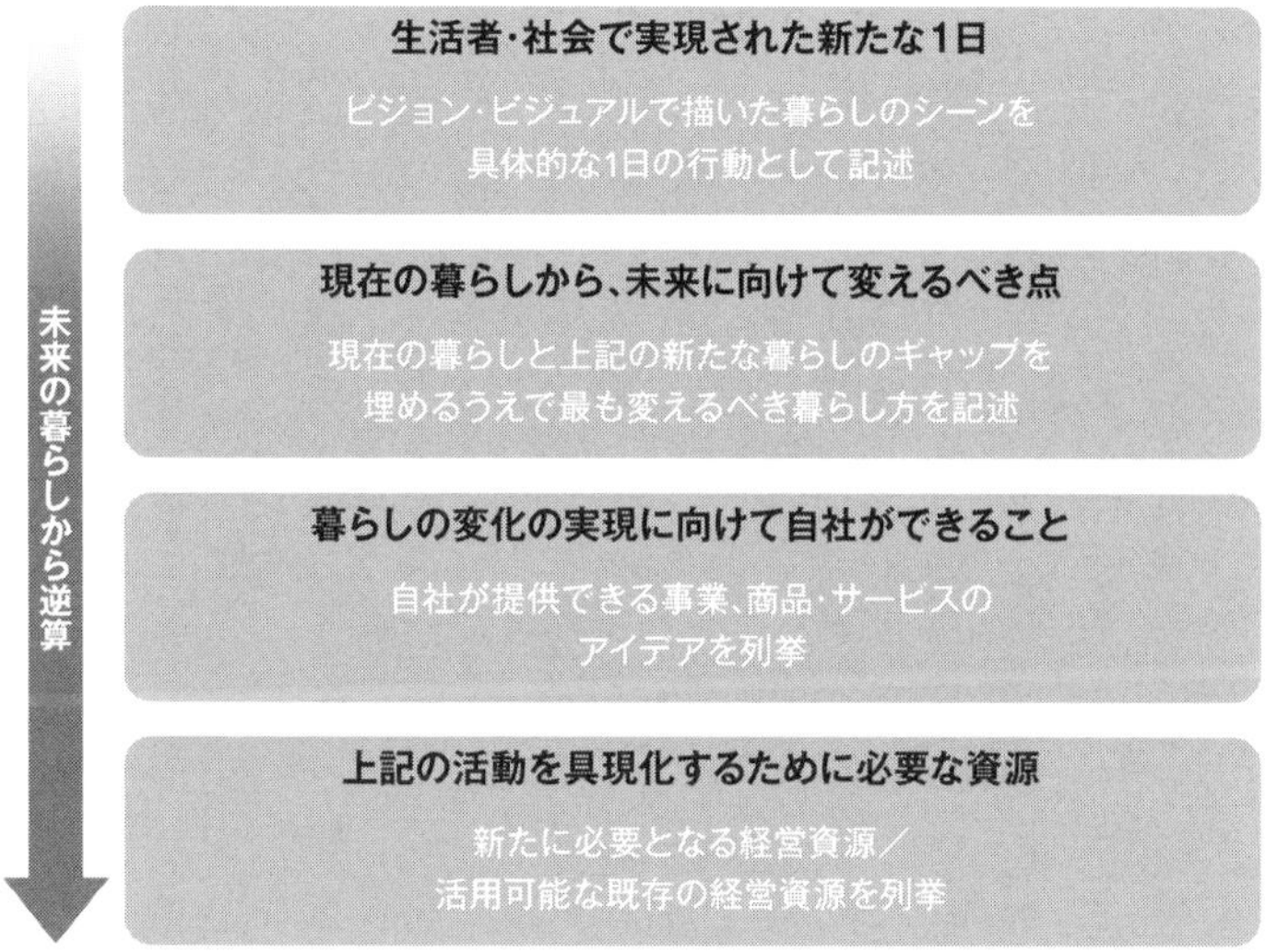
未来の暮らしから逆算
生活者・社会で実現された新たな1日
ビジョン・ビジュアルで描いた暮らしのシーンを
具体的な1日の行動として記述
現在の暮らしから、未来に向けて変えるべき点
現在の暮らしと上記の新たな暮らしのギャップを
埋めるうえで最も変えるべき暮らし方を記述
暮らしの変化の実現に向けて自社ができること
自社が提供できる事業、商品・サービスの
アイデアを列挙
上記の活動を具現化するために必要な資源
新たに必要となる経営資源／
活用可能な既存の経営資源を列挙

7―8参照）。

理想的な暮らしとは、どのような日常からできているのだろうか？生活者は、どのような場所に住み、どのように働き、どのようにお昼ご飯を食べ、どのように家族と過ごし、どのように友人とコミュニケーションしているだろうか？

技術的な要因での未来の変化も激しいだろうが、それがもたらす生活者の気持ちに着目することが重要である。

たとえば、フェイスブックという新しい技術は、２０００年にはまだ登場していなかった。フェイスブックは、暮らしに新しい経験を提供しているが、生活者が感じる気持ちは、

「人とつながるときのワクワク感」であり、これはフェイスブックが登場する以前からあったものだ。ただ、より高い頻度で、多様な人々とつながれるようになったのだ。

重要なのは常に、生活者がどのような気持ちで暮らすか、である。技術も事業も具体的な商品・サービスも、生活者に様々な気持ちを提供するツールなのである。

ここでは、自社が描く未来の中で生活者が感じる気持ちに重点を置いて、未来の1日を考えてみよう。

ゆったりとした時間を大事にしている生活と、ワクワクを求める生活では、1日の過ごし方も異なる。大事にしたい気持ちは、生活者に提供したい自社の未来の裏返しでもあるのだ。その未来の1日は、当然現在の暮らしとは異なる。何かしら現在と違う未来を求めるからこそ、人は新たな活動を行うのだ。

先ほどのコーヒーチェーンの例ではどうだろうか。

週末に子どもと親が一緒に来たときに、こだわりのコーヒーに触れることだけでも十分かもしれない。しかし、コーヒーと店舗での体験以外にも、自分たちがどれだけコーヒーにこだわり、愛し、楽しんでいるかを伝えることもできるのではないか。

この事例では、そうしたお客様とのコミュニケーションを積極的に行う機会として「カッピング（コーヒーのテイスティング）」をお客様と一緒に体験するイベントの実施を構想してみた。

いわゆる、店内イベントのような形式的なものではなく、自分たちが仕事をいかに楽しんでい

図7-9 | コーヒーチェーンのアクションのシナリオ化

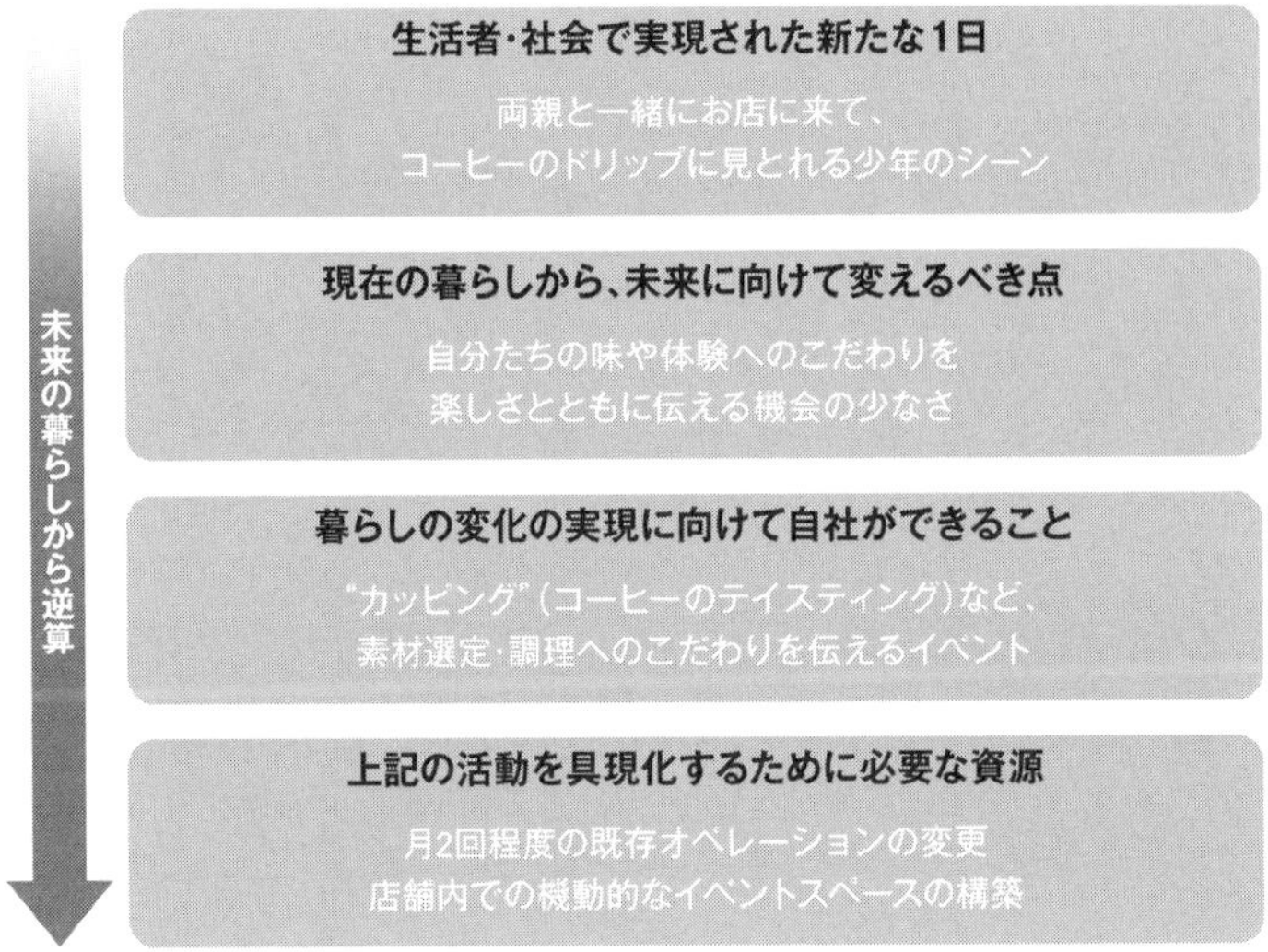

未来の暮らしから逆算
生活者・社会で実現された新たな1日
両親と一緒にお店に来て、
コーヒーのドリップに見とれる少年のシーン
現在の暮らしから、未来に向けて変えるべき点
自分たちの味や体験へのこだわりを
楽しさとともに伝える機会の少なさ
暮らしの変化の実現に向けて自社ができること
“カッピング”（コーヒーのテイスティング）など、
素材選定・調理へのこだわりを伝えるイベント
上記の活動を具現化するために必要な資源
月2回程度の既存オペレーションの変更
店舗内での機動的なイベントスペースの構築

るかを伝え、それがコーヒーの価値を増していく、という観点に立てば、自ずとイベント自体が持つ生活者に対する価値が深まるのではないか（図7－9参照）。

一企業の事業領域と生活者・社会との関わりのなかで、提供できる気持ち・暮らしに焦点を当てて、未来の1日を想像してみる。生活者の未来の1日をイメージすることができれば、自然と現在の暮らしとのギャップが浮かび上がる。

未来において、もっと人とのつながりを楽しむうえで、今の暮らしとのギャップはどこにあるのだろうか。

人とリアルに出会う場なのか、またはインターネット上での出会い方なのか。その領域で自社が創りたい暮らしへと向かううえで、どのような阻害要因があるのか。一方で、現在の暮らしの中で変化を促進する萌芽はあるのか。

現在の生活者の暮らしを見つめ、変化を促すための焦点を見つけることが重要である。

現在と未来の暮らしのギャップの中で、最も変えるべき焦点を絞ることができれば、自社が行うべき活動は半分見つけたとも言える。次に必要な検討は、その暮らしを最も変えるべき焦点において、自社ができる活動を想像することである。

ここでは自社の人材やモノ、資金、能力などの制約条件を考慮に入れず、未来の暮らしに向けた変化を生み出す活動を発想する。暮らしの中で変化を生みたい方向性や、暮らしの領域をここまでの検討で絞りこんでいるため、アイデアの発想は、よりやりやすくなっていることだろう。

もし、活動の発想を生活者の視点で導けない場合は、既存の事業や商品・サービスが未来の暮らしの中でどう変わっている必要があるか、と問いかけると良いかもしれない。

どのような事業、商品・サービスもそのままの形態で未来も残り続けることはできない。生活者の暮らしに求められるよう、その形態を修正していくからこそ、未来に残ることができる。また、他業界での事業や商品・サービスを参考にすることも視野を広げ、アイデアを生むことにつながるのだ。

自社の活動のアイデアを発想することができれば、その活動を具現化するために必要な資源を考える必要がある。最後には、実現可能なアイデアにすることが必要だ。

すでにある経営資源を俯瞰して、それらを組み合わせることでできる新たな活動もあるだろう。一方で、現在の経営資源だけでは実現できないアイデアも当然あるだろう。

その場合、単に諦めてしまうのではなく、必要な経営資源の獲得方法についても議論すべきである。経営資源は、他社と協業することで手に入れられるのか、それとも自社で購入または新たに従業員が身につけるべき能力なのか。

必要な経営資源を特定し、現実的な獲得方法を議論することで、既存の経営資源の活用にとどまらず、新たな経営資源を獲得していく努力を通じて、自社もまたその社員も成長することができるのである。

⑤可視化（多様なステイクホルダーに評価され、現実化する活動）

自社が目指す未来における暮らしに向けた活動案が導出されたら、それを可視化することで、活動の内容をより精緻化することができる。

ただし、その際、より具体性が求められる。活動の中心となる事業、とくにその事業で扱う商品やサービスを写真等を活用してコラージュするのだ（次ページ図7－10参照）。

このとき、写真は完成した商品や実際のサービスのシーンである必要はない。重要なのは、

図7-10｜アクションの可視化

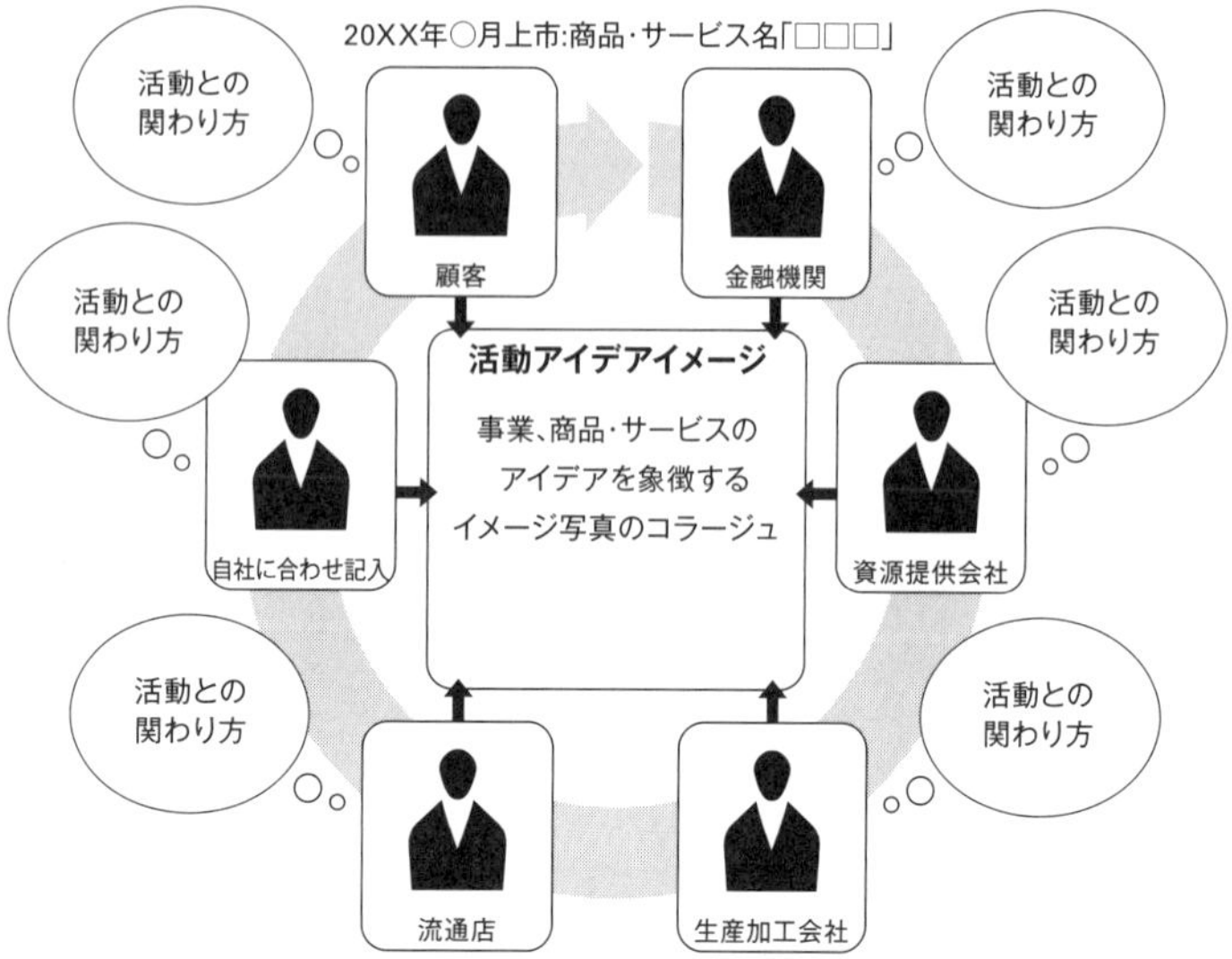

自社が創り上げる未来の暮らしにおけるその商品・サービスの役割だ。その役割が、その商品・サービスのプロトタイプの形状やシーンからうかがえるレベルであれば、完成度は問わない。

たとえば、スティック状の樹脂を溶かして段ボール箱の接着などで使用する道具「グルーガン」がはじめて開発された際、イメージとなったのは、文房具のスティックのりをおもちゃのピストルの先端にくっつけた写真であった。まずは写真等を活用しながら、その商品・サービスの意図を理解してもらい、さらに実現に向けた具体的な発想が浮かんでくる。それらの新たなアイデアをつけ加えることで、さらに活動が現実化に近づく。

このように、活動をビジュアル化することで、商品・サービスの精度が自走的に高まっていくのである。

また、事業という視点で言えば、ビジネスモデルのありようも重要になる。ビジネスモデルとは、つまり収益を得るための事業構造だ。事業構造を考えるには、そのビジネスに関わるステイクホルダーの視点が重要になる。その事業を開始するための資金を提供する投資家の視点、商品・サービスの原材料を提供する資源提供会社の視点、製造・加工する会社の視点など、最終的に対価を支払う顧客に至るまでの一連のプロセスで、各ステイクホルダーがその事業に対してどのような関わり方をするのか、彼ら外部の視点から事業を見る必要がある。

そうした視点を持つことで、顧客が喜んで対価を支払いたくなる価値を創出する工夫はどこにあるのか、また自社はどこで利益を得れば良いのかのヒントが見えてくる。

このステイクホルダーの視点を持たないと、生活者が望む価値を創出できない。または、その望まれる価値を創出するための費用が高くなりすぎて、自社の利益が生まれない状況に陥りかねない。

たとえば、コーヒーチェーンのカッピングという活動をより具体化するとどうなるだろうか。カッピングというイベントを定期的に行うにも、様々なステイクホルダーが存在する。投資

図7-11 コーヒーチェーンのアクションの可視化

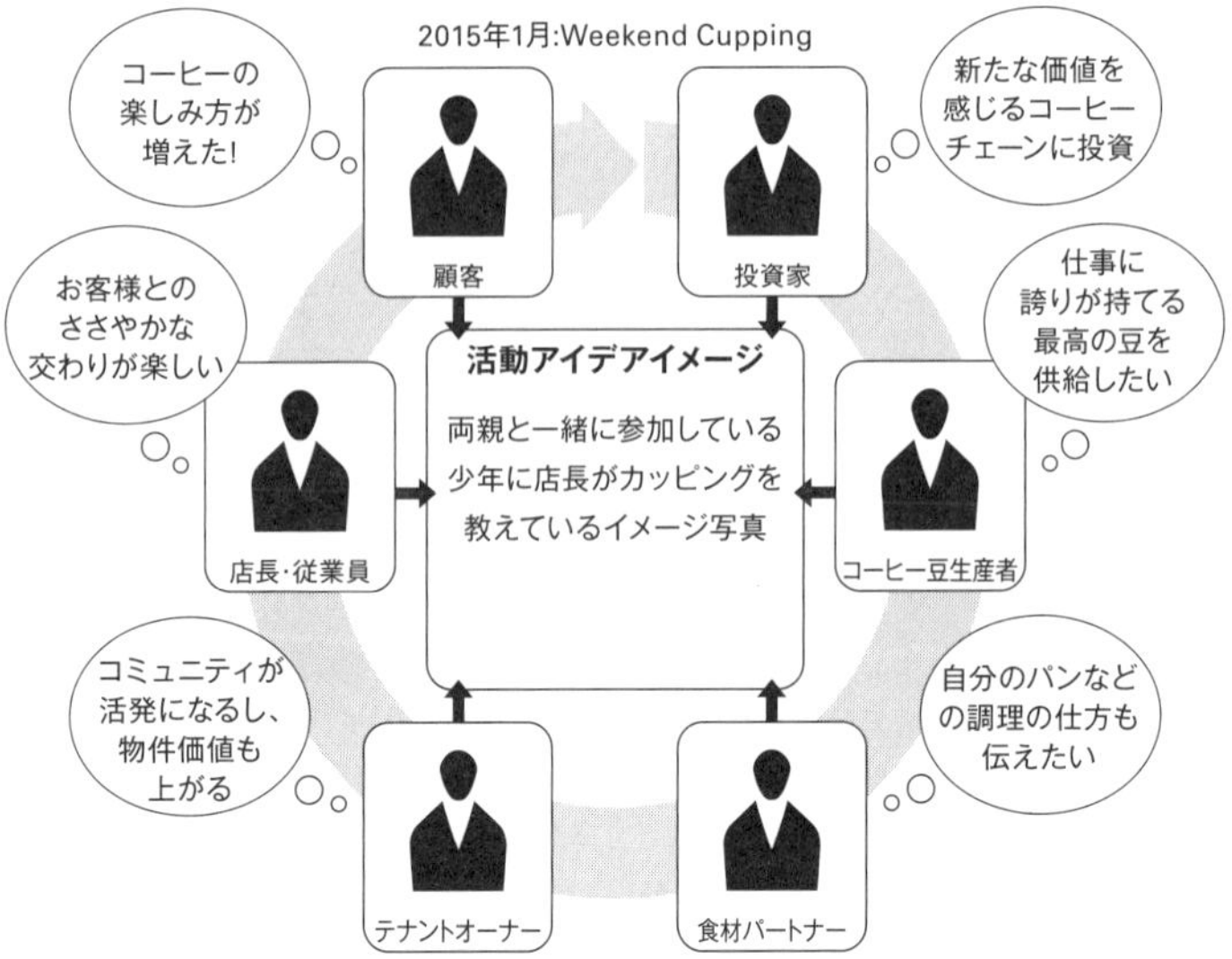
2015年1月:Weekend Cupping
コーヒーの楽しみ方が増えた!
顧客
新たな価値を感じるコーヒーチェーンに投資
投資家
お客様とのささやかな交わりが楽しい
店長・従業員
活動アイデアイメージ
両親と一緒に参加している少年に店長がカッピングを教えているイメージ写真
仕事に誇りが持てる最高の豆を供給したい
コーヒー豆生産者
コミュニティが活発になるし、物件価値も上がる
テナントオーナー
自分のパンなどの調理の仕方も伝えたい
食材パートナー

家からコーヒー豆の生産者、パンなどを提供する食材パートナー、テナントのオーナー、店長・従業員、そしてお客様だ。ステイクホルダーにどのような関わり方を持ってもらうか、この活動についてどのように思ってもらうかを想定することで、ビジョンの実現に近づくことが可能になる（図7－11参照）。

⑥体系化（活動の優先順位づけ、時間軸での発展シナリオを作る）

ここまで、未来を実現するための活動案を導出してきた。

最後のアクションの体系化では、それらの活動案を俯瞰して、どの活動から取り組むことが自社の創る未来像に近づきやすいのかを判断する。

活動案を導出する組織単位は様々だろう。全社なのか、事業部単位なのか、支店単位なのかによって異なるレベルの活動が導出される。

どの組織単位で取り組んでも良いが、すべての活動を同時並行で進めることは、企業や組織など経営資源の制約がある状況では現実的ではない。そのため、どの活動案から進めることが、自社が創りたい未来像に最もつながりやすいのかの優先順位を判断することが求められる。

判断するうえでの評価基準は、「活動実現の難易度」と「ビジョン実現への貢献度」の2つである。

活動実現の難易度は、その活動を推進するうえで、自社の人材やモノ、資金などの経営資源の活用可能性と関連する。活動が新たな経営資源を多く必要とすれば難易度は高まり、既存経営資源のみで取り組むことができるのであれば難易度は低くなる。

また、ビジョン実現への貢献度は、その活動を推進することで自社が創りたい未来像がどれだけ近くなるか、という評価軸である。可視化されたビジョンで描かれた未来の生活者の喜びに近づくために、生活者の暮らしに最も大きな変化をもたらすことのできる活動は、評価が高くなる。一方、収益性が高いだけの活動や、生活者の共感を得られない自社の都合に合わせた活動は評価が低くなる。

いずれも、定性的な判断が求められるため、複数人で協議しながら各活動をこのフレームワ

図7-12｜2つの軸でアクションを体系化する

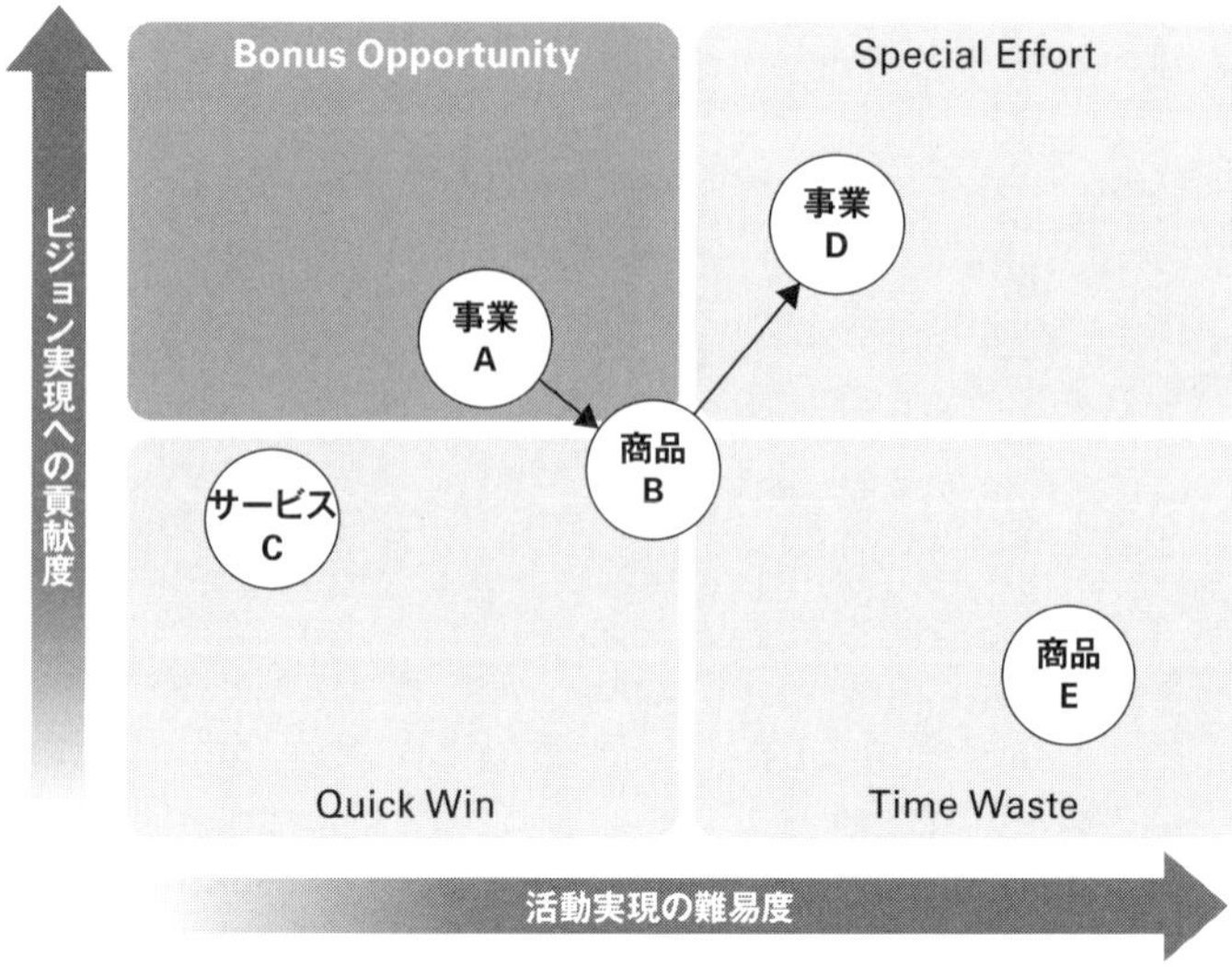

ークに沿って評価することが望ましいだろう（図7－12参照）。

また、優先順位を決定する際、1つの活動案を選ぶのではなく、ビジョン実現に向けて貢献度が高い活動案をすべて選定し、取り組む順番を考えることが望ましい。場合によっては、ビジョン実現への貢献度が高い活動を行う前に、ビジョン実現への貢献度はさほど高くないが、活動に取り組みやすい活動を選ぶ場合もある。

コーヒーチェーンの例では、先ほどのウィークエンド・カッピングがクイックヒットとして位置づけられる。他にも、様々なオフィスに出店をしていくオフィス・キオスクや、オリジナル食器ブランドの展開などもあるが、そ

図7-13 | コーヒーチェーンのアクションの体系化

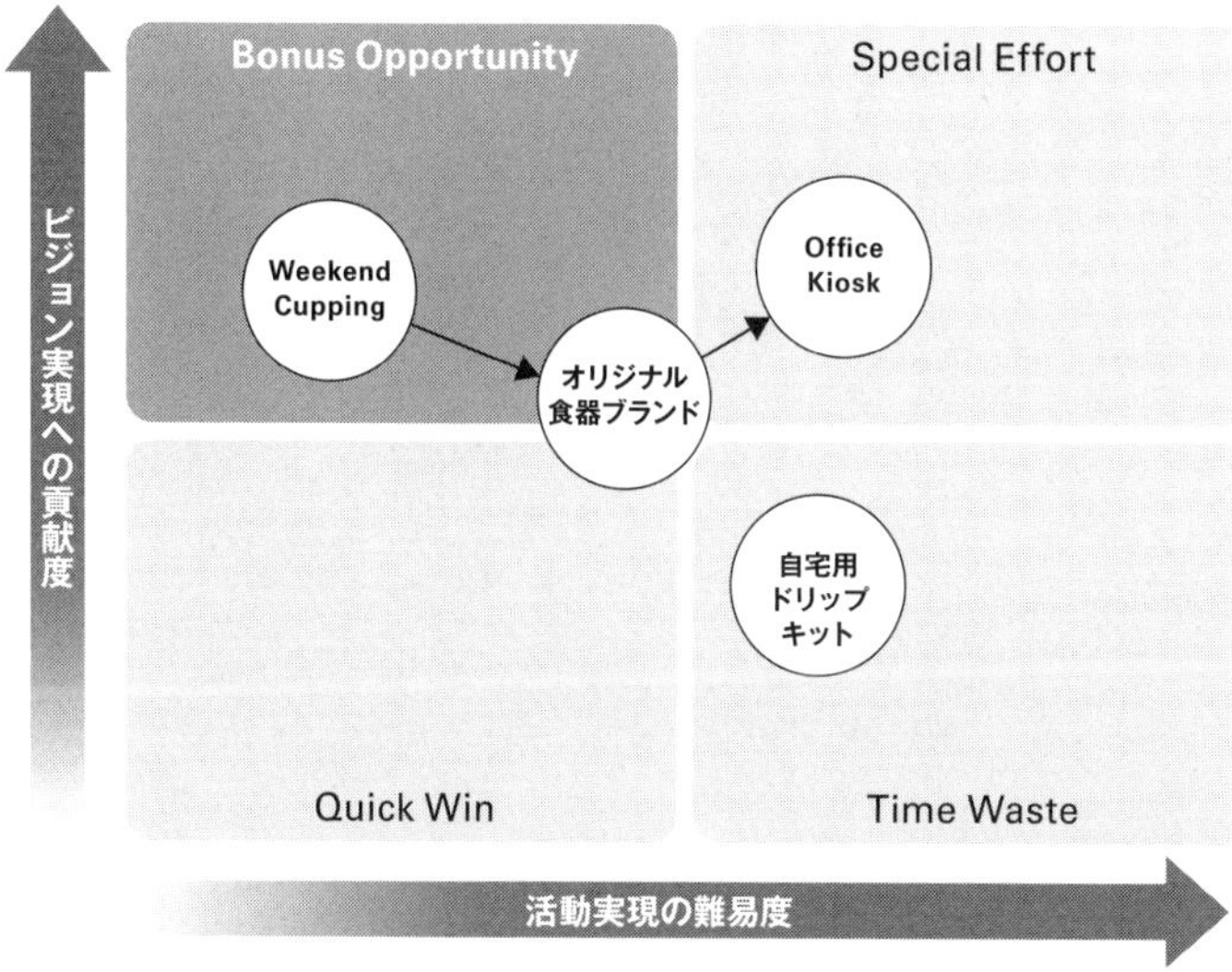

れぞれ実現難易度と、ビジョン実現への貢献度に沿って、優先順位を検討することが望ましい（図7―13参照）。

何かしらの活動を世の中に対して提示し、その反応を得ることで自社も新たな気づきを得ることができる。そして、自社が創りたい未来に向けて、生活者の現実の暮らしが少しずつ変わる姿を見ることで、自社が取り組むべき活動も変わり得る。

まずは、活動を行い、現在の環境に働きかけて変化を促すことで、自社もまた変わっていくという相互作用をもたらすことが、自社の持続的な成長につながっていくのである。

アクション・プロトタイピングは、

行ったり来たりのスパイラル型の思考プロセスで進める。

はじめは人・モノ・カネなどの制約なく、未来の実現に向け、発想を拡散することが重要である。そこから、直近に行うアクションを導出し、徐々に活動の実現性と精度を高めていく。そして、最終的には、「よし、これを実行しよう！」と思えるアクションまで落とし込む必要がある。

また、ビジョン・プロトタイピングとアクション・プロトタイピングは相互に深く関係する。そのため、アクションを検討する中で、ビジョンに修正を加えることもまったく問題ない。より良い未来を創造するため、手を動かしながら、前向きに更新をかけていくこともポイントとなる。

以上が、あなた自身がデザインで会社を変えていくための方法論である。

これらの1つひとつのステップでは、事実に基づいた判断をしていくことが望ましい。そして、経営者の意思の確認や、経営資源の棚卸し、生活者のニーズや社会テーマについての分析などを行うことをお勧めしたい。

重要なのは、自らの意思を描くフレームワークの視点に沿って、未来を創っていくことである。漠然とした未来への意思を具体化・可視化し、組織として共有することで、より良い未来を創っていく力が組織に生まれる。

そして、その未来は、自社の未来でもあるのだ。

デザインで会社を変えるチームを作るために必要なこと

ここまでデザインを経営に活用する方法論を紹介したが、その一連のプロセスの中で重要となるのが、組織を構成する各社員とビジョンとの関わり方である。

組織全体をビジョンの実現に向けて動かすためには、各社員が自発的に自らの業務の中でビジョンの実現に向けた活動を意識することが求められる。ある意味、デザインとは組織の持つ創造力や活力といった能力を高め、より良い未来を創るための価値創造を永続的に行うための方法論とも言える。

このような組織内の各部署・各個人が智恵を結集して、全社的な価値創造の運動体を確立する、という観点から言えば、新たな経営資源として捉えることも可能であろう。

通常の会社組織に、こうした組織的な取り組みとしてのデザインを導入するには、どういった組織への働きかけが必要なのであろうか。

最後に、デザインを経営に導入するためのチームについて紹介したい。

まず、経営者は、自社が創りたい社会と共有可能な未来像としてのビジョンや、そのビジョンを具現化するための活動領域を構想し、社会に働きかける活動を意思決定していく主体である。その意味では絵が描けずともデザイナーであることが求められる。また、経営者は、組織的にビジョンを具現化していくための仕組みを社内に設定していく役割もある。

そのためには、ビジョンを策定する際のプロセスに社内のキーマンを混成させ、企業横断的な運動へ展開したり、新たな事業や商品・サービスの開発、または予算配分を検討する際の意思決定基準としてビジョンへの貢献度を加味した評価体系を作る必要がある。そして、社内活動の動機づけや意思決定の方向性をビジョンの具現化に向けて統一することで、企業内にダイナミズムを引き起こしていくのである。

ただし、経営者のみが構想し、情報発信していくだけでは、組織のダイナミズムは生まれない。組織内の各部署で中核となるミドルマネジャー層から現場スタッフも含めて、ビジョンが目指す未来像に共感し、その未来を実現するための活動に、能動的に参画できる工夫が必要となる。

そのためには、組織内から横断的にミドルマネジャーを集め、ビジョン策定の実行チームとして組成することで、ビジョンが自分ごと化し、主体的にビジョン実現に向けて動く原動力を確立する必要がある。

とくに、横断チームの構成員として、生活者視点を得るために、営業部やマーケティング部のキーマン、経営資源やビジネスモデルを検討するために、経営企画部や事業部、また研究開発部のキーマンも参画することが望ましい。

また、こうしたチームに対して、専門的な知識を提供する外部専門機関の協力も必要となる。生活者のニーズを洗い出すためのリサーチや社会テーマに対する分析、ビジョンやアクションの可視化・具現化、生活者視点に立脚した事業や商品・サービスなどの導出、全社へビジョンを浸透させていくための手法など、様々な知見が必要となる。状況に応じて、外部の専門的なノウハウを活用することで、精度の高い未来像とその具現化に向けたアクションを立案・実施する組織体制を構築していくことができる。私たちも、こうした一連のプロセスをサポートするための専門チームを設立している。

本章では、方法論から組織として導入するためのチームのあり方までを提言してきた。

実は、この章のフレームワークで紹介してきたコーヒーチェーンのビジョン・プロトタイピングとアクション・プロトタイピングの例示にはモデルがある。

サンフランシスコやニューヨークに10店舗以上を展開する、ブルーボトルコーヒーだ。

同社は、アメリカでスターバックスの次のコーヒー文化をもたらす存在として、「コーヒーのアップル」と言われている。投資家から約20億円の投資を受けるほど未来が期待されている存在だ。

そして、なんとこの会社のビジネスアイデアは、日本の喫茶店からインスパイアされて生み出されたという。日本製のドリップ機器も取り揃えており、日本への傾倒も深いものがある。

今、日本がふたたび世界で注目されている。その注目の視点は、高度経済成長期のような経済性を追求したモデルに対してではない。文化性や社会性といった、総合的な価値の高さが注目されているのである。

日本の暮らしを振り返れば、その社会全体の豊かさは世界のトップクラスであり、また固有の価値を育んでいる。そして、その社会における企業経営のありようは、古来の「三方良し」、つまり、売り手、買い手、世間すべてに価値を提供するという思想に見られるように、本書で提言した経営のありようと通低するものである。

しかし、日本人の陰徳の思想もあり、この日本企業の経営の素晴らしさは、世界に知られているとは言えない。今の時代においてこそ、日本企業が世界から共感され、尊敬されるための方法論としても、本書を活用していただければと思う。

対談

株式会社良品計画代表取締役社長

金井政明×永井一史

無印良品のデザインは、質と美しさを持った普通を探り当てる作業

金井政明

（かない・まさあき）


株式会社良品計画代表取締役社長。

1957年生まれ。1976年、株式会社西友ストアー（現合同会社西友）入社。その後、1993年に株式会社良品計画に転籍。生活雑貨部長として、長い間、売上の柱となる生活雑貨を牽引し、良品計画の成長を支える。2008年に代表取締役社長に就任し、現在に至る。

また、2009年9月には、株式会社イデー代表取締役社長に就任。良品計画グループ全体の企業価値向上に取り組んでいる。

株式会社良品計画

1980年、株式会社西友（現合同会社西友）のプライベートブランドとして、「わけあって、安い」をキャッチフレーズとし40品目でデビューした「無印良品」。商品開発の基本は、生活の基本となる本当に必要なものを、本当に必要なかたちでつくること。そのために、素材を見直し、生産工程の手間を省き、包装を簡略化した。この方針が時代の美意識に合い、シンプルで美しい商品は長く愛されている。

1989年に西友から独立した株式会社良品計画は、現在7000品目超を展開するブランドへと成長。「無印良品」の他に、素の食をコンセプトとした飲食業態の「Café&Meal MUJI」や、旅・移動に便利な小物を中心に品揃えを再編集した「MUJI to GO」等を展開。日本の美意識や普遍性といった考え方は世界へと広がりつつあり、日本国内に385店舗、海外では24の国と地域で257店舗（2014年2月末現在）を展開している。

「最良の生活者」を探求するために、デザイナーが作った無印良品

永井――経営の考え方としてデザインを捉える、という考えを持つ経営者の方は世の中にはまだ少ないと思いますが、かなり早い段階からそういうことを志向・体現している会社として、良品計画、無印良品というブランドが真っ先に頭に浮かびました。経営としての考えのデザインだけではなく、事業や商品の具体的な形のデザインまでトータルに落とし込まれているからこそ、これだけの社会的な評価・評判があると思っています。今回は、無印良品における「デザイン」について広く、おうかがいできればと思います。

金井――無印良品はデザイナーが作ったようなものですよね。小売業のビジネスマンが作ったのではなく。

基本的には創業者の堤さん本人がそうした魅力や才能を持っていて、田中一光さんはじめ、多くのデザイナー、クリエイターがセゾンに集まり、1つの時代を作り出していきました。そのなかで、無印良品が生まれた。一光さんは、「無印良品は最良の生活者を探求するために作られた」とおっしゃっていました。

一般的な小売業であれば、お客様が欲しいとおっしゃれば、何でも売ろうと考えます。でも、無印良品というのは、最良の生活者、豊かな生活、私たちは「感じ良いくらし」と置き換えて

いますが、より良いくらしに合わないものは売りたくないし、開発する必要もない。より良いくらしの方向につながる商品を、生活者の目線で開発し、提供していこう、と。なぜかというと、世の中の商品が過剰な競争の中で本質を失い、生活者にとっての自由が失われていると考えたからです。

消費社会での企業間競争は、結局、コマーシャリズムという構造で競い合うわけです。低価格を武器に需要を拡大しようとする企業と、表層的なデザインやテレビCMなどで常にスタイルチェンジを行い、需要を拡大しようとする企業との二極化が進みました。無印良品はそうではなく、生活の基本となる本当に必要なものを、飾ることなく、必要の本質を商品にするコンセプトでスタートしました。

ただ、一方では、無印良品のデザインは、デザインを否定したデザインとも言えます。当時は、モノを売るために、次々と消費される形がデザインだと呼ばれていたことに対し、デザインの本質や本来の役割は何かといった批評を内包しながら、無印良品はスタートしました。

消費社会のアンチテーゼとしての無印良品

永井――そういうデザイナーの想いや考えを堤さんが受け止めて、今おっしゃったような無印良品の姿勢や考え方が生まれたのですか?

金井――いえ、投げかけは堤さんからです。西武百貨店やパルコを中心に、セゾン文化ともてはやされた時代の中で、消費社会そのものの構造の変化を感じておられました。

彼が言う消費社会の定義は、「すべてのモノを消費の対象と見る。消費の対象とならないモノは無価値と考える社会」で、どんなに美しいものでも、どんなに良いデザインでも、どんなに一生懸命作ろうとも、消費の対象にならなければ無価値とされてしまう社会です。そして、需要よりも供給量が上回ると、「消費社会現象」というものが起きてくると言っていました。

無印良品が生まれたのは1980年ですから、モノを買いたい、モノを消費することが豊かだという戦後の時代やオイルショックが過ぎ、モノは充足した時代でしたね。ただ、世間はどうなっていたかというと、青山通りなどに海外ファッションブランドの店がたくさんできて、高額なブランドの服が関心を集める一方で、家の中では品質の悪い日用品を使っていたり、生活様式も混乱を極めていた時代だったそうです。

製造業の機械化やアジアの工場化などで生産力が増大し、圧倒的に需要よりも供給量が勝る。100個欲しいときにモノが500個できてしまう。400個は売りつけなければならない。結果、「リゾーム化」（それが本当に実用の価値があるかわからなくさせること）や、「ファッション化」（使用価値から見ると無意味でも、持っていないと不安に思わせること）といった消費社会現象が現れ、モノのモノ離れが始まり、デザインや付加価値が1人歩きしてしまう。

堤さんは、それが本当の意味で消費者にとって有益なのだろうか、と疑問を持たれていました。

そこに、田中一光さんを含めた多くのクリエイターが乗ってきた。デザインは、産業革命後に、貴族階級や日本の封建制と違い、市民の生活の質を上げていくという思想を持っていて、従来の権威主義の形や装飾を否定していったわけです。

堤さんの考え方に、ごく自然に当時の日本のクリエイターたちが集まった、そうした経緯だったと思います。

日本の美意識に根差して、生活の質を上げる

永井――無印良品からは、今お話しいただいたような、時代に対するアンチテーゼという感覚は覚えていました。そこには、当時の堤さんが、明確に、本当のカウンターブランドとして立ち上げる思想があったんですね。

金井――そういうことですね。ただ、田中一光さんは、それを声を大にして言うことは決してありませんでした。

実は、この会社では、エコロジーという言葉を1回も言ったことがないんです。創業当初から再生紙を使ったり、捨てられていたようなシイタケの割れている部分や小さいものも混ぜて、その理由とともに販売した会社ですが、1回もエコロジーと表現したことはない。とても日本

らしいんですよ。「自分がこんないいことをやっています」ということ自体が、田中一光さんの美意識ではないわけです。

でも、消費社会や資本主義はまったくそうではない世界ですよね。モノは日本の家庭に大体行き渡ったわけですから、今年のカラーは、こんなデザインはと、どの会社も欲しい理由を訴求した時代に、無印良品は対極の姿勢、個性や嗜好性を省き、むしろ個性はお客様の1人ひとりに委ねるという、生活者に押しつけない自由な商品を作っていました。これは欧米人にはない発想ですよね。できるだけそぎ落として、むしろマイナスの美学を追究するわけですから。

永井――日本的な美意識と消費社会に対するカウンターというのも、田中一光さんのデザイナーとしての思想と結びついたということですか？

金井――そうでしょうね。明治維新を迎えた当時の多くの日本人は、日本の伝統文化は、ヨーロッパ・欧米に比べて遅れていて、野蛮なものだと思ったわけです。そのため、日本の伝統的なものは恥ずかしいから隠してしまえ、という感覚があった。そして、第二次世界大戦の敗戦によって、今度はアメリカからやって来たカルチャーに多くの日本人が乗って、「アメリカの映画は素敵よね」と言っていたときに、もっと根っこを見ていた人たちだということです。つまり、一光さんの功績は、琳派の時代も含めた日本の伝統的なものをモダンに置き換えたことでした。

永井――モノを売る先には、日本の生活者の質を上げたいのだという意思が、最初からあったということですね。

金井――さらに言えば、豊かさや生活の質という中身が、世の中でちやほやされているブランドや高級なもの、高額であることとは違うところにあるということを、強く思っていたわけです。ですから、「アノニマスデザイン」といわれる、消費社会以前の無名のデザインを俯瞰しました。ジーパンにしても、野球のボールにしても、木を切る斧にしても、誰がデザイナーかは一切わからないわけです。斧も何百年も掛かってあの形になってきたわけですよね。柳宗理さんも『無印の本』（リブロポート、１９８８年）に寄稿されていましたけど、商業主義のために多く作られた最近の商品よりも、そういうものに健康的な美しさがあるということです。

永井――歴史と生活の中で鍛え上げられてきた形が、結果として美しいと。

金井――そういうことですね。何代にもわたって使いやすさや、あるいは合理的に作る方法も含めて、脈々と磨き上げられてきた形なんです。そういう形を私たちは探り当てていきたい。

「売ろうとしない」姿勢が、成熟する世界を牽引する

永井――経済性、社会性、文化性という我々の言葉で表現するならば、おそらく、生活者のくらしの質を記号にまみれたものにするのではなく、ピュアに高めたいということが、もともと無印良品が持っている文化性だと思います。また、社会性ということで言うと、再生紙のお

話のように、サステイナビリティや適切な素材がそこにはある。そうした考え方が、当初からあったということですね。

金井——そうですね。そんなに難しい表現なのかはわかりませんが、当時は何が違ったかというと、売ろうとしなかった。

一光さんは、経営者でも商売人でもない。売ろうという余計なことではなく、自分の生活に何を取り入れたいかという目線で考えられていたわけでしょう。自分がメモを取るノートに、上質すぎる紙や過剰なデザインは必要ない、という精神性があったと思います。再生紙で十分だろうと。売ろうとしないというのは、そういう強さがあるのです。これが、売ろうとした途端に媚びて変わってしまうわけですね。

永井——売る側ではなく、買って生活する側の視点に徹底的に立ったところが大きいと。

金井——ええ。私はデザイナーと一緒に商品を作るときも、「一光さんは使ってくれるかな?」ということと同時に、「そこにいる20歳の大学生も買ってくれるかな?」ということをいつも考えていました。

永井——すごいことですね。今お話をいただいたような時代の気分は、とくに2010年代に入ってからの世の中の価値観にも符合している気がします。いわゆる売ろうとしているもの、記号化されたものはもういいや、という雰囲気になっています。

無印良品というブランドから見ても、その時代の変化は感じますか?

金井――成熟度と言ってもいいのかと思います。そういう意味では、世界がそうなってきているると思います。成熟することで、今のような価値観に向かうことも当然あります。ただ一方で、環境がこんなに汚れてしまったという危機感から、同じ価値観に向かうこともあると思うのです。そういった価値観に世界が動いてきていると私は思いますし、動いていかなかったら大変なことになってしまうと思います。

世界の人口が70億人を超えましたが、食料も水も大丈夫でしょうか？　アメリカ人並みに世界中の人が食事をしたら、今の地球に食料は23億人分しかないと言われています。当然、もっと食料の生産性を上げようとがんばりますが、太陽は思い通りにいかない。気候が変われば、小麦の生産量は半分になることもあるでしょう。

そういう時代に私たちは今生きている、という価値観をずっと持っているのがこの会社の強いところではないかと思っています。

永井――すでに30年前から、今、世界の人が気づき始めていることを先行していた。

金井――ええ。30年前よりも、今はもっと厳しい局面になってきています。日本のことだけを考えているわけではなく、グローバルに大変な時代になっていると思います。

経済の論理で言えば、日本は人口が減少してこれからどうなるんだろうという心配をしている。一方で、世界はいいよね、まだ人口が１００億人まで増えるんだからチャンスだと言いますが、これはまったく逆の心配なのではないかと考えています。日本はこれから１人あたりの面積や緑も増えて、本当の豊かさに向かう。しかも、世界に先駆けて。
しかし、現在はまだ経済が目的になってしまっています。豊かさや、感じ良いくらしに対して、ある一定量の経済はツールとして必要ですが、それが目的になってしまっている価値観や社会構造に対するアンチテーゼは常にあります。

「デザインをしないデザイン」が無印良品を作る

永井――考え方のデザインについてうかがいましたが、無印良品は、形としてのデザインについても、デザイナーの名前を立てたり、華美に売ろうとしないということも前提ながら、単純にデザインのクオリティとして素晴らしいという事実もあります。考え方と形の関係性や、形としてのデザインで普段から気をつけているのはどんなことですか?

金井――「デザインをしないデザイン」や「無作為の作為」という言葉は無印良品にはたくさんありますが、私たちはデザインをして、して、して、1周してもとに戻る形を追究しています。

これも一光さんの言葉ですが、グラウンドでマラソンをやりますよね。何周かすると先頭を走っている人が、周回遅れの人を追い越す瞬間があります。どっちが先頭なのかビリなのかわからない。このときの先頭が無印良品だとおっしゃっていました。

永井——10m先を走っている、というあからさまではないんですね。実際はものすごく先を行っているんだけど、見た目は世の中と調和しているということですか？

金井——はい。大変難しいことではありますが。

杉本貴志さんが最初の青山店を作ったとき、木・金・土というインテリアの素材を活用しました。「木」は、すすけてくすんだような信州の古民家の廃材。「金」は錆び掛かった鉄板。「土」はレンガで、割れていたり、すり減っていた九州の八幡製鉄所の工場の廃材です。

いくら杉本さんでも、素材の変化に対しては何の手出しもできないわけです。錆び方をコントロールしたり、レンガのすり減り方も時間が作ったもの。そういう素材だけを使って無印良品の空間を創られました。言うなれば、無作為の作為。何の作為もしないけど、大きな作為ですよね。

無印良品はブランドを否定し、そういう思想から生まれた「商品」と、杉本さんの店舗「環境」、そして、小池さんたちのコピーライティングやメッセージといった「情報」の3つが同じ哲学からデザインされています。モノだけ作ってもブランドにはなりませんが、「モノ」と、それが存在する「環境」、そして「情報」、この3つが企業活動とつながって揃えば、それは自然とブランドになります。

永井——無印良品の場合、価値観を共有できる素晴らしいプロフェッショナルたちが集まっているから、よりそれが強固になるんですね。

日本の美意識・価値観が、世界にない持続する企業を輩出する

永井――やはり、思想の根幹と商品が結びついているから、私たちは安心して買えるということがあると思います。表層的なデザインだけではなく、哲学も含めて、無印良品をみんなが認めているということはありますよね。

金井――売上や利益も意識しないといけないので、思想と商品のバランスはたしかに難しいです。難しいのですが、その努力を三十何年間ずっと続けてきています。その努力は極めて重要で、それを正直にやることができれば世界中に無印良品のマーケットは存在します。

では、その努力は何によってできるかといいますと、人間社会がどうあるべきかという議論や思想を、いつもワイガヤで議論しているということだと思っています。

実は日本人は、神道と仏教と儒教の考え方を根に持ち、東の端っこの島国という独特の地理と気候風土から、混交の中で自分たちの独自の精神や美意識を作り出してきた特徴を持っていると思います。

一光さんも、「日本の茶の湯やMUJIを世界語にしたい」とおっしゃっていました。俳句などの簡素さに秘められた知性や感性などが、豪華なものに引け目を感じることなく、むしろ誇りに思える世界。そういった価値体系を今、世界に発信できれば、もっと少ない資源で皆が

美意識や豊かさを体現できる。さらに、自然に対する畏敬の念、農耕的な共同体の意識、そして引き算の美学を発信しましょう、と。

永井——日本企業には、日本の美意識や価値観がベースにあると思いますが、実際の企業経営という視点で、そこまで考えられている企業は他にありますか？

金井——日本は長寿企業が世界で圧倒的に多いのです。200年以上続く会社が3100社くらいあって、もうダントツです。なぜそういう長寿企業が日本に多いかと言うと、大きくは2つ要因があると思っています。

1つは柔軟性です。企業にとって時代環境は常に変化しますから、企業はその環境変化に対応できるかどうか。対応できるためには何が必要かというと、すごくシンプルに、「人々の幸せって何だろう」とか、「これからの豊かさってどういうことなんだろう」という問いを常に立てている会社かどうかだと思います。

もう1つは、日本は感謝と奉仕のように、自分だけ儲かればいいわけではないという価値観があります。私たちはそれを「良心感」と言っています。

「柔軟性」と「良心感」。この2つが長寿企業の特徴だとすれば、日本にそのような企業は多いのではないでしょうか。

自社らしく役に立てる市場を見つけ、売上ではなく利益を得る

永井——戦後焼け野原の日本で、生や死、人の幸せを考えながら立ち上がった企業がどんどん大きくなっていったわけですね。ただ、大きくなると継続成長だけが目的化してしまうこともある。私たちは、単純に利益を挙げることだけでなく、社会的価値や文化的価値で企業として少しでも良いことが提供できるかという原点を、デザインというフレームで考えています。

金井——でも、やっぱり利益は大事です。ただ、売上が大きいということは、あまりおもしろくないとは思います。むしろリスクになる可能性がありますから。環境が変わったときに恐竜が倒れたのと同じように、図体が大きいとコントロールが大変になります。だから、ネズミのような小さな弱者が進化しながら生き残った真実が、参考になります。

どちらかというと、売上よりも、利益に対する目的のほうが重要だと思います。利益の前にどういう使命を持って社会に貢献するかということが当然あって、そのうえで利益をどう導き出すかという戦略が大切です。

戦略は、「戦を略する」。戦いをどうやってしないようにしましょうか、ということですから、まず、自分たちが役に立てるのはどこの領域かを考えます。全部のマーケットを取る必要はないし、自分はこの池で釣り糸を垂らしますと言えばいい。でも、多くの企業はものすごく大き

い池を探して釣りたくなる。そうすると、ライバルもたくさんいて価格競争に向かってしまう。ですから、これからの企業は、大きくはなくても、できるだけ自分の池を見つけたほうがサステイナブルだと思います。

永井——グローバル化して、世の中が均質化していったときに、その会社ならではと言えるモノをどうやって作れるかはとても大事ですね。

金井——「Ｆｏｕｎｄ ＭＵＪＩ」という取り組みを進めています。今はもう、どこに行ってもiPhoneを持っているし、バンコクでも、パリでも、ロンドンでも、東京でも、ニューヨークでも、どこの土地でも同じようなビルが立ち並び、皆が同じものを着ている時代だからこそ、その地域ごとの固有の文化が大切になると考えています。

それを見つけて（ファウンドして）商品化し、もう一度世界に発信することが私たちの戦略です。そういう意味のデザインを実践しています。

地域に固有に残っている文化やモノは、今のコマーシャリズムを前提に作られる以前のものが多いのです。だから、私たちのデザイン的な視点・思想とも合うわけです。これからは、さらに多くの人々が地球を移動し、他国へ旅行や買い物に出かけます。

すでに私たちの店でも、多い店では3割が海外のお客様です。将来的には、海外のお客様が5割か、それを超えるようになっていくでしょう。海外のお客様が日本に来られたとき、どこへ旅行に行くか。自分の国と同じようなところには行かないでしょう。今の時期、秋田に鍋を食べに来ましたとか、式年遷宮を見た帰りに伊勢で何か食べようとか、そういう情報と行動になりますよね。そのときに、東京と同じことや食べ物しかない地方だったら、何の魅力もないと思います。

そういうことをデザインしていくことは、大変重要だと思います。均質化に向かえば向かうほど、逆に地域の固有性が重要です。そこに貢献できる仕事を増やしていきたいと考えています。

思想に共感できるデザイナーとのコラボレーション

永井――アドバイザリーボードがあるなど、デザイナーとのコラボレーションでも、他の企業とは違うデザイナーの起用があると思いますが、いかがでしょう?

金井――田中一光さんがご健在の時代は、プロダクトやファッションに対しては、あまりデザイナーを使いませんでした。その後、生産の構造も大きくなり、SPA（製造小売業）という小売業の出現も含めて、新しいブランドが出てきた時代に、それまでのやり方だけでは厳しくなってきた。それで今の無印良品のように、デザインを徹底的にやろう、と方向を変えてきました。

今は、プロダクトでも、ファッションでも、名前は出しませんが、世界の才能あるデザイナーの方々と一緒にやらせていただいています。無印良品のフィロソフィーに皆さん共感して、一緒にやりたい、とおっしゃっていただき、それは本当にありがたいことです。

永井――思想がちゃんと共有されていれば、無印良品のデザインはでき上がってきますか？

金井――そう思います。たとえば、あの巨匠と言われるイタリアのエンツォ・マーリ氏とも仕事をさせていただいていますが、「オレはおまえたちより50年前から無印良品だ。オレはずっとそこで戦ってきた」なんておっしゃいますし、ドイツのコンスタンチン・グルチッチ氏とは、バウハウスを現在化させるプロジェクトを行ったりといったように、皆さんＭＵＪＩを大変よく理解されていらっしゃいます。

無印良品の思想・美意識を維持し続けるアドバイザリーボード

永井――通常の商品は、深澤直人さんや原研哉さんが目を通してらっしゃるんですか？

金井――そうですね。原さんはとくに、アートディレクターというポジションで、全体や広告を含めた領域が中心です。また、深澤さんはとくに、プロダクト系の全体のディレクションをお願いしています。

しかし、個別商品をすべて見てもらうことはできません。そのため、我々のマーチャンダイザーとインハウス・デザイナー、そして、外部のデザイナーたちが方向性を共有したうえで作り込んでいます。
ただ、いまだに杉本貴志さんや小池一子さん、深澤直人さん、原研哉さんなど外部のトップデザイナーに参加していただいている「アドバイザリーボードミーティング」は、毎月1回は必ず行っています。その前の時代は、「判定会」というものもあり、最初の頃は堤さんもそこに出ていらして、商品部が次に発売したい商品を全部並べて、商品化するかどうか判定するという時代もありました。
アドバイザリーボードという仕組みが創業からあったわけですが、堤さんが、無印良品の思想や哲学を守り続ける仕組みとして作られたものです。

永井——社長が先ほどおっしゃったように、「この商品は田中一光さんだったら買うだろうか?」という目線で考えられるのも、そういう確固とした美意識の基準が無印良品の中に明快にできているということなんですね。

金井——一光さんだったらということと同時に、大学生でも買えるかなという目線は、私たちの独特な強みだと思います。

永井——どっちかになると。

金井——ええ。この両方のお客様を想定して1つの商品を考えることが、高級や印(しるし)とは別の無印良品の良さだと思います。

永井——今日は、お忙しい中、ありがとうございました。

対談

株式会社スマイルズ代表取締役社長

遠山正道×永井一史

デザインは、事業への想いを可視化し、具現化させる

遠山正道

（とおやま・まさみち）

株式会社スマイルズ代表取締役社長。

1962年、東京都生まれ。慶應義塾大学商学部卒業後、三菱商事株式会社入社。1999年に「Soup Stock Tokyo」第一号店をお台場ヴィーナスフォートにオープン。2000年、三菱商事初の社内ベンチャー企業「株式会社スマイルズ」を設立。2008年、ＭＢＯにより株式100%を取得し、三菱商事を退社。アーティストとして個展を開催するほか、ネクタイブランド「giraffe」も手がける。2009年９月、新コンセプトのリサイクルショップ「PASS THE BATON」を丸の内にオープン。翌年、表参道ヒルズに第二号店をオープンさせ、現在に至る。

主な著書に『成功することを決めた――商社マンがスープで広げた共感ビジネス』（新潮社）、『やりたいことをやるというビジネスモデル――PASS THE BATONの軌跡』（弘文堂）がある。

株式会社スマイルズ

食べるスープの専門店「Soup Stock Tokyo」、ネクタイの専門ブランド「giraffe」、新しいリサイクルショップ「PASS THE BATON」等、様々なジャンルの新しい価値を提案する業態を展開。「生活価値の拡充」を企業理念に掲げ、既成概念や業界の枠に捉われず、現代の新しい生活のあり方を提案している。

「デザイン」という言葉は誤解されている

永井——デザインと言うと、ロゴのデザインや、パッケージのデザインといった形のデザインをみな思い浮かべます。しかし僕は、デザインとはもっとずっと奥行きのある考え方で、経営という観点でも、ビジネスのアイデアを考えるときにも、デザイン的な発想があると、もっと豊かになるんじゃないかなという思いがあります。

そのようなことを先行的に実践されていたり、デザイン的な思考をお持ちの経営者に、その点をおうかがいしたいと思います。

遠山——たしかに、デザインと言ってしまうと、誤解が生まれるときがあります。たとえば、「Soup Stock Tokyo」をデザイナーズレストランと言われると、ちょっと照れくさいじゃないですか。別の例では、料理の話をしているときにデザインのことを言うと、「いや、やっぱりまずは素材をちゃんとしようよ」という話になったりとか。

永井——その場合のデザインとは、いわゆるデザインですよね。

遠山——パッケージとか、見た目のデザインですね。こうした誤解が生まれることがあるので、あまりデザインということを取りざたして語らないという気持ちがあったりもします。

永井——僕はいつも、「形のデザイン」と「考えのデザイン」という言い方をします。

形のデザインは、やっぱり見た目のクオリティを上げるという意味で使われることが多い。でも、今回僕たちが提案したいのは、考えのデザイン。たとえば全体最適や、調和や、豊かさをどう経営に加えるか考えることをデザインとして提示しようとしています。

遠山さんは、形と考え、両方のデザイン視点をお持ちのように見えますが。

遠山――自分の言葉で言えば「ありよう」に近いのかもしれない。たとえば、会社やプロジェクトでは、「何でやっているんだっけ?」という意義をとても大事にしています。私は4つの事業を展開していますが、ビジネスはどれも大変で、なかなか簡単にはうまくいかないんですよ。

「Soup Stock Tokyo」も、店舗数を増やせば売上高は伸びますが、最後に利益が残るかどうかはそれほど簡単ではありません。利益が安定したのは8年目くらいです。「PASS THE BATON」は、4年目でようやく黒字化が見えてきました。

どちらも潰れてしまうタイミングなんていくらでもあり得たんですよ。「赤字が出ていて、なぜまだやっているの?」と聞かれたときに、「かっこいいからです」では続けられない。そこには、社会的意義だったり、そこまで立派な話ではなくても、思いついたときのトキメキや、あんな風景を見てみたいじゃないか、という気持ちがあります。そういうことがないと、踏ん張れない。

実際にそういう経験をしてきたので、まずは「ありよう」が大事という感覚があるんですね。

必要なのは、「何でやりたいのか」という想いを構築すること。その想いを構築すること自体がデザインだと言えると思っています。

たとえば、「昨年比で105%を実現しよう」という考えには、姿がよく見えないんですよ。「105%って誰が言っているんだっけ?」「誰のためになるんだっけ?」という疑問が湧いてくる。もちろん、目標そのものは悪くありませんが、理屈で考えると、毎年105%成長させるということは、何かを削ることにもなりかねません。その分、サービスを減らそうなど、どこかに負担を強いていくことも考えられます。

そのため、単純に売上を上げていくことだけが是かと言うと、そうとも言えないと思います。仮に、お客さんの喜ぶ顔が見たいという意義があったとしたら、売上をもうちょっと絞ったほうが、1人ひとりの接客の時間が延びて、良い場が提供できるのではないかという議論も出てくるかもしれない。だからこそ、「何でやっているんだっけ?」という立体的な価値観が大事なんでしょうね。

永井――遠山さんが言う意義やトキメキと、私が考えるデザインという視点は、すごく近い視点のような気がする。もちろん、人によっては、ウハウハ儲かることにトキメく人もいるかもしれないけど、世の中で困っていることはこうすれば解決する、こんな未来が待っているなど、根源的にそういうことに対して人はトキメくと思います。そういうトキメキと事業性を組み合わせられれば素晴らしいことですね。

遠山——今までなかったものを思いついてしまって、「これ秘密ね！」「言っちゃダメだよ」と言いながら進めていく感じは楽しいですよね。それはもう、そのこと自体に意味がある。

ビジョンへの共感が仲間と顧客を生む

永井——遠山さんが「Soup Stock Tokyo」を立ち上げたときは、どんなトキメキがあったんですか？

遠山——「Soup Stock Tokyo」の企画書には、「Soup Stock Tokyo」はスープを売っているが、スープ屋ではない、ということを書いていました。

全体を一言で言うと、「共感」がキーワードなんです。スープを軸に共感できる仲間が集まって、自分たちで良いと思ったスープを世の中に提案する。お客さんと共感の関係性ができれば、スープではない別の食べ物や、物販やファッションなどを扱っていっても、その共感してくれた関係性をベースにもっと広がっていけるんじゃないかということが書いてありました。そうした共感を得るための旗印がスープである、ということなんです。

つまり、デザインのコアがスープという存在。スープには人がホッとする、ファミリーで一緒にゆっくり飲む、といった色々なイメージがあって、それを会社のベースにしていこうという考えです。

永井――ビジョンに対する共感があると、仲間が増える感じがしますよね。お客さんも当然ですが、他の生活者も、「あの会社っていいよね」「僕は買わないけど何だか好きだな」など、そうした共感は、意義がないと絶対に生まれないと思います。

遠山――今はもう、企業の規模で会社の善し悪しを測ることは少ないと思います。１００よりも１０００のほうが偉いということではなく、小さくてもちゃんとした価値観を持っている会社もあります。小さい会社でも、経営のスタンスがクリアだったり、デザインをちゃんとわかっていて、当たり前のように正直にやっている企業であれば共感してもらえる。永井さんの言う、「考えのデザイン」をしっかりと意識して、具現化することができれば、資本金の多寡に関係なく共感できる人が集まってくる可能性はありますし、それが大きな力になるんでしょうね。

スマイルズには企業理念の映像があって、入社してくれる社員やアルバイトさんに、はじめに見てもらいます。その映像には、スープのことはまったく出てこないんですよ。ある人は「スープはないんですね？」って言ってたけど、「単にスープを売っていればいい会社じゃないんだな」という価値観の共有ができて、お互いの考え方が立体的になっているんですね。

「個人の必然性」がビジネスのベースになる

永井――遠山さんはおそらく、想いや考え方が普通の経営者とは違っている感じがします。

我々はそれこそがデザイン的な考え方なのかと思っています。その他の経営者との違いは、遠山さんご自身はどう考えていますか？

遠山――そうですね。意義なんて言ったあとで言うのも何ですが、やっぱりイケてるものをやりたいという想いがある。「あ、スマイルズがやるとこうなったんだ！」と言われたい。たとえば、リサイクルショップをイメージして「PASS THE BATON」に来てみたら、自分の想像していたリサイクルをはるかに超えた空間があった、と思われたいなということです。

さらに言うと、自分たちが世の中で最初にやったことで、世の中がパタパタとオセロのように変わっていくことにチャレンジしたい気持ちがあります。ビジネスの中で、自分たちの身の丈を忘れないようにしながら、世の中をひっくり返していく感じにしたいんでしょうね。

永井――ある種のスタイル、価値観をとても大事にされているんですね。それを持ち続けながら、ビジネスの真ん中にいることは、大変なことではありませんか？

遠山――大変ですけど、やっぱりそこが一番大事だと思います。ビジネスの出来事は、世の中の動きと一緒にどんどん変わっていきます。ＴＰＰだからこうなる、ＴＰＰが5年延びたからまた変わったと、あらがえない世の中の出来事は色々ありますが、その中の個人の必然性は、ＴＰＰが5年延びようが関係ありませんよね。私は、そうした個人の必然性が信用できると思っています。世の中が多少不景気になろうが、バブルになろうが、「いや、オレはこの仕事をやるんだ」という感覚です。

ただ、当然、ビジネスは1人ではできません。その最初のきっかけにはあらがえない個人の想いがあって、それに共感して仲間が集まってきたり、投資家が集まってきたりして、ビジネスが成り立つ。見たい景色が描ければそれはそれでもっといい。

私自身、そういう自分個人の必然性があって、自分の気持ちや見ている景色をそのまま見てほしかったので、「Soup Stock Tokyo」の企画書を物語の形にして、周りの人に理解してもらったのです。

ビジネスを人物に喩えると、社会性も文化性も自然と表れる

永井――遠山さんの「イケてる」を因数分解すると、どういう要素になるんですか？　世の中に少し良いことをするような社会性や、今と違う暮らしを提示するような文化性など、そういう視点も意識しますか？

遠山――私は、ブランドやビジネスを人物に喩えることが多いです。スマイルズは私自身だと思っているので、そうすると恥ずかしいことはやりたくないわけですね。「え、あんなのやってるの?」とは言われたくない。人を騙して儲けることも、それはなしです。それを社会性と言うのかはわかりませんが、スマイルズがやるとこうなったということは常に意識しています。

それから、私自身がデザインやアートを好きだから、そこに目をつぶって過ぎようというわけにはいかないわけです。たとえば、お店やパッケージなどの形のデザインもそう。

永井――社会性という観点で言うと、たとえば、ものの循環をテーマにした「PASS THE BATON」というビジネスは、どんなことを考えてスタートしたんですか？

遠山――もともとは、「丸の内で何かやらない？」と誘われて、そこから色々考えましたが、ちょうどリーマン・ショックの後のことだったんです。こんなに過剰にお店があるなかで、新たな店を作ることに意味があるのかな、というある種の素朴な疑問から始まりました。とにかく売って、売れなければ捨てればいい、という感覚は時代にも、自分たちにもなかった。

そういう意識のなか、物々交換や、現代の質屋と言いながらのリサイクルという考えが出てきた。いわゆるリサイクルショップもリサイクルですし、サザビーズでピカソが50億円で落札されるのも、ある種のリサイクルだと感じていました。ただ、ピカソとリサイクルショップの間にあってほしいゾーンが開けていない。自分が大事にしているもの、自分の生活に欲しいものが出合う場がなかったんです。

そこから、リサイクルという考え方は昔からあるけれども、そのゾーンを新しく構築することは今までなかったので、ビジネスとしてスタートしたんです。

永井――ネクタイの専門店「giraffe（ジラフ）」については、画一的なサラリーマンの象徴としてのネクタイを、もっとオシャレにしたいという意図があったと以前うかがいました。

遠山——もともとは、「Soup Stock Tokyo」を立ち上げる前に、三菱商事で考えていたことです。今、飲んでいるお茶も、このテーブルも、誰かが働いているから実現していて、サラリーマンがいなかったら、世の中は立ちゆかない。だからこそ、本当はもっと堂々として、イケてるものだと思っていたけど、実際は違いました。サラリーマンがみんな、帰りに有楽町で上司の悪口を言っていて、イケてないことに気がついたんです。

そこで、お節介かもしれないけど、サラリーマンがネクタイで会社や社会に首を絞められている感じではなく、自分で自分の首をギュッと締めて、1人ひとりがキリンのような高い視点で遠くを見つめれば、世の中がもっと良くなるだろうという意識で事業を考えました。「giraffeはサラリーマン一揆です」というコピーで提案しましたが、三菱商事のときは実らずでした。

その後、スマイルズで事業化しましたが、ご存じのようにネクタイは右肩下がりの産業です。そんな状況下で、2013年の10月に玉川高島屋に直営店を出したんですけど、高島屋百何十年の歴史で、ネクタイ専門店ははじめてだそうです。その真逆感がとてもうれしかったですね。

もともと、マーケティングや、売れそうだ、といった理由ではなく、自分たち固有の理由でビジネスをしているからこそ、この醍醐味があります。

デザインがまだ世にないものを可視化する

永井——デザインというと、どうしても形を作ることをイメージしますが、本来は、考えと形をズレなく表現することもデザインの大きな役割だと思います。遠山さんのように、ビジョンからお店、商品までを一気通貫させることもデザイン的な考え方だと思いますが、その部分も意識していますか？

遠山——サンプルをその場で作りたくなる気分ってありますよね。「PASS THE BATON」で言うと、蕎麦猪口におまけのお菓子をくっつけたらいいんじゃないかと、夜中に寝ながら思いついて、すぐにコンビニでお菓子を買って、次の日に会社に持っていって、「これどう？」と見せたことがあります。「1280円なんだけど」と値段だけは妙に細かく設定して。

実は、それは今のヒット商品になっているんです。急に立ち上がってきたイメージを現物で見せられると、みんなと共有しやすいですよね。

永井——僕は、色々なブランドの仕事をしていますが、新しいブランドの形はまだ世の中にないものだから、みんなイメージが湧きにくい。でもポンと1枚で可視化されると、みんな、「あ、それそれ」「ああ、これはおもしろいかも」「それは違う」、と、そこからどんどん発想が広がっていくことがあります。

遠山――そういうことは、最初の熱量が高いときにバンと使っておかないとダメですよね。

永井――ビジネスの意義は文章化もできると思います。ただ、概念ではなく、まだ存在しないものをリアルに存在したように見立てて、そこから人はどう感じるんだろう、これで本当に笑顔が生まれるのかなと、そうした想像力もデザインの1つの大きな力ですよね。

遠山――たしかに、そういう想いの可視化だったり、着地させる力がデザインかもしれないですね。デザインは、アートとの対比では、非常に現実的な部分があると思います。「具体化する力」という感じでしょうか。

私の場合は、ビジュアルで風景が生まれてくるタイプだと思います。「Soup Stock Tokyo」を立ち上げるときも、自分が思い描いているシーンをみんなに共有してもらいたくて、企画書を物語化しました。その中には、下手ながら写真やポスターのイメージ、お店のイメージ、そういうビジュアルもつけていました。つまり、すでに自分の頭の中にあるイメージを共有するためのものでした。

永井――スープのある1日を本当の手触りにまで落とし込むイメージの強さは、どうやって生まれているんですか?

遠山――とても具体的にデザインまで考えました。たとえば、スープに彩りがあるから、スープ以外の余計な色は使わずロゴは墨一色など、そういう考えを企画書の最初の2~3行で書きましたが、14年経ってもその考えは継続していて、お店に色を塗ることもなく、素材の性質や質感を大切にしています。

それから、物語の中では「Soup Stock Tokyo」を「秋野つゆ」という人物に置き換えていました。この人は、いきなりピンク色の洋服を着たりはしないとか、キャラクター設定が最初の頃から具体的にできていました。その人物像がぶれないので、形のデザインへの落とし込みは割とやりやすかったんですね。

永井――すべての経営者に遠山さんレベルのデザインセンスを求めるのは難しいと思いますが、遠山さんから見て、考えのデザインを世の中の経営者が持つと、ビジネスは変わると思いますか？

遠山――思いますね。まず仕事が楽しくなるでしょう。楽しいことは楽しい、これは自分がある程度能動的に生きていかないと、実はなかなかそうはなりません。しかし、そういう環境を自分たちで作っていければ、楽しく仕事もできるし、楽しければ、いいモノもできていきます。

そういう良いスパイラルを創っていくことが大切です。とても単純に言うと、「あ、これやりたい」とひらめいたことに想いや意義をつけて、それを実行していくという順序が肝心なんです。

永井――ああ、おもしろいことをひらめいたら、そこに意義を探すという順序もいいんですね。

遠山——意義からスタートできれば理想的ですが、色々なパターンがあると思います。トキメキと意義が同時にやって来るときもある。そこは様々だと思います。

永井——まさに、ビジョンを考えるときに、段階的にではなく、様々なことを同時に満たしたビジョンを一挙に作ってしまおうというのが、我々の考えなんです。

今日は、お忙しい中、ありがとうございました。

おわりに

この本は、ＨＡＫＵＨＯＤＯ ＤＥＳＩＧＮの永井一史と木村淳之介が、ある日、「相談がある」といって、私を訪ねて来たところから始まりました。

２０００年初頭、私がブランドコンサルティングの専門組織を立ち上げたとき、ただ１人のデザイナーとしてメンバーに入ったのが永井です。彼のその後の活躍はここであえて語るまでもありません。木村は、博報堂の営業からＨＡＫＵＨＯＤＯ ＤＥＳＩＧＮを経て、現在ステイーブンスティーブンというアニメーションをマーケティングに活かす会社のマネジメントを切り盛りしています。

彼らから最初に話があったのは、「今や広告会社は、広い意味でのデザイン会社に事業転換すべきだ。そういった内容を広告会社のトップやクライアントに提言するうえで、コンサルティングの立場からサポートしてほしい」といった内容でした。

彼らの話をじっくり聞いて私が考えたのは、「広告や、広告会社といった枠組みを超えて考えたほうが、むしろ発想が広がるし、先に進めるのではないか？」ということでした。そこで、「経営とデザインを真正面に捉え、その問題意識を世に問う作業を一緒に進めよう」ということになりました。

プロジェクトを進めるにあたり、経営とデザインの両方のテーマを行き来できるチームメンバーとして、博報堂コンサルティングの2人が加わることになります。

西村啓太は、イギリスの2つの大学院で環境経営学とデザインを学び、現在、様々な企業に対するコンサルティングを行う一方、慶應義塾大学の大学院でアート・マーケティングの講師もしています。プロジェクトスタート以降、全体の進行や、本書の序章から第7章まで、執筆の中心となったのが西村です。

篠原光義は、外資系の経営コンサルティング会社からブランドコンサルティングの世界に足を踏み入れ、経営とブランドの両面から様々な企業にコンサルティングを行ってきました。現在は、事業会社に身を転じ、日本発のグローバル・ラグジュアリー・ブランドを創造すべく、日々奔走しています。

この5人のメンバーで1年以上にわたって行ってきた作業を通じて、私自身、長年取り組んできたブランドを起点とした企業経営という問題意識を深く見つめ直すきっかけとなりました。

私たちは、「ブランドの成功は、ビジネスの成功でなければならない」と考えています。

では、ビジネスの成功とは何でしょうか？

営利企業はしっかりと利益を挙げ、社員の生活を支え、株主に配当し、納税を通じて社会に還元し続けていれば、十分合格点をもらえると考えられています。しかし、それだけで本当に十分だと言えるのでしょうか？

この10年、多くの経営者と直接お話をする機会が多々ありました。そのなかで強く感じたのは、目の前の儲けに追われて、「なぜ、この仕事をするのか？」が曖昧になってしまっているという、経営者たちの強い問題意識でした。

「なぜ、この仕事をするのか？」を言い換えれば、「何を目指して仕事をするのか？」、つまりビジョンという言葉に行きつきます。そして、それが「伝わらない、共有できていない」という経営者たちのもどかしい想いを感じました。

構想が悪いのか、言葉が稚拙なのか、行動が伴っていないのか、伝える努力が足りないのか。

企業にとってビジョンとは「経営上の企て」であるとも言えます。

どんなに企画者の想いが強くても、1人では実現できません。ビジョンの大きさとは、その企て自体にどれだけ人を巻き込む力があるかに尽きるのではないでしょうか。

そして、「ビジネスの成功とは何か？　ビジョンとは何か？」を考えるうえで、私たちが行きついた結論は、とてもシンプルに、経済性、文化性、社会性の「バリュー・トリニティ」を満たすということでした。

経済性とは「得か、損か」、文化性とは「好きか、嫌いか」、社会性とは「良いか、悪いか」、という人間の持つ本質的な評価軸に根差したものです。

社会や時代の環境、その企業の成長段階、業界における地位などによって、3つの視点の重視する点や優先順位は変わっていきます。しかしながら、その3つの視点のど真ん中を鋭く射抜いたものであれば、多くの人を巻き込む耐久性の高いビジョンになるはずです。

私は、経営にとって、言葉と数字の力は大きいと考えています。

経営者の強い言葉は言霊となって多くの人を動かします。また、数字は最も論理的で、英語よりもわかりやすい世界共通のコミュニケーションツールだと思います。

しかし、言葉と数字だけでは構想力や伝わり方に限界があるのも事実です。論理的に正しいと思っても、なかなか腹落ちしない、心が動かされないということは多いのです。

人は見えていないものを目標にはできません。ビジョンとは、単なる夢や目標ではなく、鮮やかに視覚化された映像に近いものであるべきです。具体的で魅力的なイメージを持てば持つほど、夢に近づくことが可能になります。

そして、魅力的なイメージを描くには、デザインの力が極めて重要なのです。

本書では、こうした魅力的なビジョンを描くための方法論をありありと伝えるために、具体的な事例をご紹介することに腐心しました。私自身、これまで、十数冊の本の出版に関わってきましたが、実際お手伝いした事例を開示することは、守秘義務の関係から基本的に不可能で、いつも伝わりにくいもどかしさを感じていました。

そこで今回は、様々なご縁を活かして、現実に作業した過程をドキュメントさせていただくことに挑戦しました。作業過程の開示に同意いただいた、紀州梅効能研究会、深川製磁、東京都・港区の各社および各組織の関係者の皆様、その他の事例の掲載にご協力いただいた各社の皆様、ここに感謝の気持ちをお伝えします。

執筆の初期段階では、博報堂コンサルティングの小柳祐輔が発想を拡げてくれました。また、プロジェクト・ドキュメントの文章精緻化を担ったＨＡＫＵＨＯＤＯ ＤＥＳＩＧＮの山野真知子、各事例のデザインワークを担当した安部洋佑、八木澤純は、本書の完成度を高めるうえで欠かせない存在でした。

そして、編集の立場から粘り強く伴走いただいたダイヤモンド社の村田康明氏がいなければ、本書は完成しなかったと思います。あらためて、お礼を申し上げます。

最後に、本書を手に取っていただいた読者の皆様へ。

ここにまとめた私たちのビジョンを、果たして何人の方々と共有できるか。私たちとともに、このビジョンを形にしてみようと考える経営者や経営を目指す方々と何人出会えるか。

メンバー一同、今からワクワクしています。

２０１４年３月

博報堂コンサルティング代表取締役社長　首藤明敏

参考文献・ウェブサイト一覧

第1章

・Ａ・Ｈ・マズロー『人間性の心理学――モチベーションとパーソナリティ』（小口忠彦訳、産業能率大学出版部、１９８７年）
・DIAMOND ハーバード・ビジネス・レビュー、２０１１年12月号、「コカ・コーラ 10年間で事業を2倍に成長させる」
・DIAMOND ハーバード・ビジネス・レビュー、２０１２年11月号、「未来をつくるリーダーシップ」
・オキュパイ・ウォール・ストリート、<http://occupywallst.org/>
・デニス・ガボール『成熟社会――新しい文明の選択』（林雄二郎訳、１９７３年、講談社）
・ハワード・シュルツ、ドリー・ジョーンズ・ヤング『スターバックス成功物語』（小幡照雄・大川修二訳、日経ＢＰ社、１９９８年）
・マガジン9、２０１２年10月10日、「ネスレを変えたグロテスクなビデオ」、<http://www.magazine9.jp/kaeru/121010/>
・リチャード・ブランソン『ヴァージン――僕は世界を変えていく』（植山周一郎訳、阪急コミュニケーションズ、２００３年）
・世界価値観調査、<http://www.worldvaluessurvey.org/>
・長坂寿久「『企業の社会的責任』／『社会責任投資』とＮＧＯ」（季刊 国際貿易と投資、第53巻、２００３年）
・内閣府「国民生活に関する世論調査」、<http://www8.cao.go.jp/survey/h23/h23-life/zh/z35.html>
・日経ビジネスオンライン、２０１３年10月４日、「経営でいちばん大事なのが『デザイン』である理由」、<http://business.nikkeibp.co.jp/article/report/20130906/253125/?rt=nocnt>

第2章

・DIAMOND ハーバード・ビジネス・レビュー、２０１２年11月号、「未来をつくるリーダーシップ」
・nepia 千のトイレプロジェクト、<http://1000toilets.com/>
・トヨタ自動車株式会社、<http://www.toyota.co.jp/>

・ユニリーバ・ジャパン株式会社、<http://www.unilever.co.jp/>
・王子ネピア株式会社、<http://www.nepia.co.jp/>
・日刊自動車新聞、２０１２年２月４日、「〈クルマはこれから面白くなる〉トヨタ自動車、『８６』発売に合わせ、スポーツカー文化の育成に向け楽しみ方を提案」
・日刊自動車新聞、２０１２年３月１日、「連載『ハチロク駆け出す～トヨタの想い～』(上)もっといいクルマを…」
・日刊自動車新聞、２０１２年３月１日、「連載『ハチロク駆け出す～トヨタの想い～』(中)開発の現場から」
・日刊自動車新聞、２０１２年３月１日、「連載『ハチロク駆け出す～トヨタの想い～』(下)マーケティングの現場から」
・日刊自動車新聞、２０１３年４月２日、「スポーツカー復権へ　ハチロクが築いた新文化　トヨタ発売１年」・
・日経デザイン、２００５年２月号、「花粉症に悩む人へ〝鼻触り〟にこだわったティッシュ」
・日経流通新聞、２０１２年７月２日、「底流を読むネーミング　ウエットントン」
・日経流通新聞、２０１３年３月22日、「売れ筋はこれだ『鼻セレブ』ネーミングの妙」
・日本マーケティング協会、２０１３年２月25日、「統合マーケティング・マネジメントと〈ＣＭＯ機能〉(２)王子ネピア株式会社取締役マーケティング本部長 今敏之取締役マーケティング本部長講」

第3章

・ウォルター・アイザックソン『スティーブ・ジョブズ　Ⅰ』(井口耕二訳、講談社、２０１１年)
・ウォルター・アイザックソン『スティーブ・ジョブズ　Ⅱ』(井口耕二訳、講談社、２０１１年)
・ナレッジ・ナビゲーター、<http://www.youtube.com/watch?v=yc8omdv-tBU>
・奥出直『デザイン思考と経営戦略』(ＮＴＴ出版、２０１２年)
・博報堂トップマネジメントシンポジウム事業局、２０００年、「デザインと経営を考える　Ｓｔｒａｔｅｇｉｃ　Ｄｅｓｉｇｎ　Ｄｙｎａｍｉｃｓ」

第4章

・紀州梅効能研究会、<http://www.umekounou.com/>
・和歌山県みなべ町、<http://www.town.minabe.lg.jp/>

第5章

・深川製磁株式会社、<http://www.fukagawa-seiji.co.jp/>

第6章

・港区、<http://www.city.minato.tokyo.jp/>

第7章

・イマジニア『夢を形にする発想術』（英麻里訳、ディスカヴァー・トゥエンティワン、２００７年）
・デニス・ガボール『成熟社会——新しい文明の選択』（林雄二郎訳、１９７３年、講談社）
・ブルーボトルコーヒー、<http://www.bluebottlecoffee.com/>
・博報堂トップマネジメントシンポジウム事業局、２０００年、「デザインと経営を考える　Ｓｔｒａｔｅｇｉｃ　Ｄｅｓｉｇｎ　Ｄｙｎａｍｉｃｓ」

［編著者］

首藤明敏 (Shuto Akitoshi)

株式会社博報堂コンサルティング代表取締役社長
慶應義塾大学大学院特別招聘教授、多摩大学大学院客員教授
一橋大学卒業後、株式会社博報堂入社。慶應義塾大学大学院経営管理研究科修了ののち、博報堂研究開発局にてブランド管理システムなどの開発を経て、現職。消費財から産業財に至る様々な企業のブランド戦略や事業戦略のコンサルティング実績を有している。
主な著書に、『図解ブランドマーケティング』『図解ブランドマネジメント』（ともに共著、日本能率協会マネジメントセンター）、『B2Bブランディング』（共著、日本経済新聞社）、『サービスブランディング』、『ぶれない経営』（ともに編著、ダイヤモンド社）、『実践B to Bマーケティング』（編著、東洋経済新報社）などがある。

永井一史 (Nagai Kazufumi)

アートディレクター／クリエイティブディレクター
株式会社HAKUHODO DESIGN代表取締役社長、多摩美術大学教授
1985年、多摩美術大学卒業後、株式会社博報堂に入社。2003年、株式会社HAKUHODO DESIGNを設立。企業・商品のブランディング、ソーシャルデザイン、コミュニケーションデザインなどの領域でデザインの可能性を追求し続けている。2007年、デザインによる社会的課題の解決に取り組む「+designプロジェクト」を主宰。2008～11年、雑誌『広告』編集長を務める。
毎日デザイン賞、クリエイター・オブ・ザ・イヤー、ADC賞グランプリなど国内外受賞歴多数。ADC会員、JAGDA会員。

［著者］

西村啓太 (Nishimura Keita) 序章・第１章・第２章・第３章・第５章・第７章

株式会社博報堂コンサルティングプロジェクト・マネジャー
慶應義塾大学大学院 アート・マーケティング非常勤講師
The University of York, M.Sc. in Environmental Economics and Environmental Management、およびCentral Saint Martins College, M.A. in Design Studies修了後、株式会社博報堂ブランドコンサルティング（現株式会社博報堂コンサルティング）に入社。2006年～08年に株式会社博報堂ネットプリズムの立ち上げおよびコンサルティングサービスの開発を経て、現職。
幅広い業界における、ブランドを基点にした事業成長戦略の策定から事業開発支援、事業成長のためのマーケティング活動戦略の策定から具体施策の実行支援まで幅広く携わる。
また、経済産業省における政策立案を支援。経済産業省クール・ジャパン室（現クリエイティブ産業課）の立ち上げに関わった。
主な著書に、『なぜ、あの会社は顧客満足が高いのか』（共著、同友館）がある。

篠原光義 (Mitsuyoshi Shinohara) 第３章・第４章

株式会社博報堂コンサルティングシニアマネジャー
早稲田大学卒業後、外資系経営コンサルティングファームを経て、2005年に株式会社博報堂ブランドコンサルティング（現株式会社博報堂コンサルティング）に入社。ビジネスとブランドの両面からクライアント企業の成長を捉え、事業戦略立案、マーケティング戦略策定、施策実行支援まで、包括的にコンサルティングサービスを提供。官公庁に対する政策立案支援の経験も多く、経済産業省クール・ジャパン室（現クリエイティブ産業課）の立ち上げに関わった。
本書執筆後、株式会社TASAKIに身を転じ、マーケティング＆マーチャンダイジング本部シニアマネジャー。日本発のグローバル・ラグジュアリー・ブランドを創造するために日々邁進している。

木村淳之介 (Junnosuke Kimura) 第６章

株式会社STEVE N' STEVEN執行役員／プロデューサー
東京大学卒業後、2004年、株式会社博報堂入社。アカウントエグゼクティブとして大手携帯電話キャリア、自動車、飲料メーカー、不動産、エンターテインメント産業（カラオケ、映画、音楽など）、コンシューマ向けITサービス関連企業などの、商品開発からブランド開発、コミュニケーション戦略立案、広告制作、メディアプランニングおよびバイイングなどに携わる。
2012年より株式会社HAKUHODO DESIGNにて永井一史のプロデュースおよびマネジメントを担当。現在は、株式会社STEVE N' STEVENにて、自社の運営とともに、コンテンツによる新しい社会の課題解決に従事している。

［著者紹介］
博報堂コンサルティング
ブランディング・マーケティングのプロフェッショナルとして、事業変革を実現するコンサルティング会社。広告会社が培ってきたマーケティングノウハウと戦略コンサルティングのスキルを融合したハイブリッドなサービスを提供する。2001年4月設立。
経営理念・企業ビジョンの策定・浸透、ブランディング／マーケティングの戦略立案から実行支援、新規事業の戦略立案から立ち上げ支援 、日系企業の海外市場進出の戦略立案など、多様なテーマに関するコンサルティングに取り組む。

HAKUHODO DESIGN
デザインによるブランディングの専門会社。企業・商品ブランドの戦略立案から、スタイル規定、シンボルデザイン、パッケージ・空間デザイン、コミュニケーション展開までの一連のブランドソリューションを提供する。2003年5月設立。

経営はデザインそのものである

2014年3月27日　第1刷発行

著　者——博報堂コンサルティング　HAKUHODO DESIGN
発行所——ダイヤモンド社
〒150-8409　東京都渋谷区神宮前6-12-17
http://www.diamond.co.jp/
電話／03·5778·7234（編集）　03·5778·7240（販売）
装幀————bookwall
図版制作——うちきばがんた
本文DTP——桜井淳
製作進行——ダイヤモンド·グラフィック社
印刷————勇進印刷（本文）・加藤文明社（カバー）
製本————ブックアート
編集担当——村田康明

ISBN 978-4-478-02721-9